用馬拉松旅行世界

劉憶萱（江湖一品萱）◎ 著

U0010995

照片提供／
Stockholm marathon
organization

My Marathon Map
跑遍世界地圖

斯德哥爾摩

瑞士

阿姆斯特丹

北京

東京

巴黎

威尼斯

上海

耶路撒冷

杜拜

泰國

台灣

世界走破，
憶萱的馬拉松地圖

懷著愛馬魂與踏破世界的熱血，

邊跑邊旅行，體驗各大洲不同的城市風情。

對我而言，每一場馬拉松旅行，

都是音樂、藝術、文化與心靈對話的饗宴。

P2～P13的獎牌攝影／江湖跑堂堂主 江彥良

芝加哥

洛杉磯

作者簡介 **劉憶萱**

高職畢業後開始工作，一路半工半讀完成
大學，並留職停薪完成英國薩塞克斯大學
(University of Sussex)科技與創新管理碩士
學位。現職科技公司人資經理，興趣是跑步、
烹飪、聽音樂會。
2014年1月止，已完成51場全程馬拉松。同樣
有著環跑世界理想的江湖跑堂堂主江彥良，
曾為她取了個江湖名號：「跑步一品人一品，
人稱一品跑一品」的一品萱。
臉書：www.facebook.com/yihsuan.judy.liu

推薦序

張芳玲 太雅出版社 總編輯

跟憶萱變成總編輯和作家的關係，真是始料未及。我們原是教會職場菁英團契的朋友，認識三年後才合作這本書。我對憶萱最敬佩的事情，是2012年的9月22日團契的音樂佈道會，憶萱那次也參加了演出，我們演出的那天，憶萱只比大家晚到一些，就加入了上台前最後的練習，而那晚謝幕是9點，大家鬆了一口氣各自回家，沒有想到，隔日憶萱勇奪日月潭女子三鐵第3名的消息傳來。原來呢，她那兩天的行程是如此：武嶺單車55K／埔里地理中心碑海拔448.7m→台14線→仁愛鄉→清境→台14甲線→翠峰→鳶峰→昆陽→武嶺3265.9m上山7小時，下山3小時，趕到高鐵回到台北，參加完演出之後，再趕到台中參加隔天的中潭馬拉松，23號她獲得南投三鐵女子組總排名的第三名。當憶萱還沒有今天這麼廣被馬拉松圈子朋友讚賞之前，我從這件事情就已經見識到她的運動員精神，不只是在運動賽事，在任何需要團隊精神的事情上都一樣。

曾文祺 愛跑步的作家

我是這麼認為，「馬拉松」是位謎樣的女孩。她每一回都會以不同風貌現身，讓你深深的著迷，想親近，一探她的風情。然後呢，她會在終點處再給你服下一顆魔法豆，令人不由自主地去領下一次的號碼牌。

賞析著憶萱的跑馬作品，忽然間驚覺，她或許是上天派來的「馬拉松女孩」。她應該有某方面的魔法，以筆觸、視野，竟輕輕鬆鬆的就把人給帶到她所踏著的每場城市馬拉松，令人有呼吸著同一賽道的喜悅。

憶萱是「馬拉松女俠」。她帶著俠女的氣魄，並以優美的姿態，把所聞到的、看到的、咀嚼到的各色美事躍然紙上；在悠遊她的世界馬拉松旅程裡，似乎可聽到音樂輕快地走著，那是種綿長的感動。

海外馬拉松旅遊在國內正熱，以雙腳來認識異國城市是最深入的方式，《用馬拉松旅行世界》恰是絕佳的海外馬工具書，亦是難得的馬拉松文學。

飛小魚 馬拉松作家

原來馬拉松也可以跑得既時尚又有趣！

分明就是個美人兒，能幹俐落的OL，看似溫柔的外表下卻有著慧黠的心思，怎麼看都覺得應該是走「時尚名媛」風格，是那個環節錯亂了，這個漂亮女生為什麼會選擇40場馬拉松這麼艱辛的路途，當成自己人生重要里程碑的禮物？看了憶萱的玩跑夢想，你會感染到她所散發出來的光采與喜悅。

不只是42.195K，憶萱的人生馬拉松豈止是這樣的里程數而已，她愈跑愈遠，愈跑愈寬廣，愈跑愈海闊天空，40歲以後的人生變得格外精彩而躍眼。不單單是在世界美麗的城市奔跑，這個女子還展開志工生涯，執主持棒、視障陪跑員、甚至參與賽事規劃與提案等，我想不管是什麼樣的角色扮演，憶萱臉上那抹恬淡的笑容就足以說明一切。馬拉松豐富了她的生命，在不斷付出的過程中，其實最大的收穫是自己。只要我們帶著一顆美麗、寬容與充滿愛的心來看待這個世界，會發現原來我們可以如此富有。憶萱帶領我們進入一個截然不同的「另類時尚」，把馬拉松漫長的旅程變有趣了！

賈俊蓮 台灣首位完成300場全馬的女子選手

早上的萬金石馬拉松，我跑在風雨交加的海岸線，儘管路上風雨交加但前方有熟悉的身影，在心裡注入了一股暖流。一位視障跑者努力前進，身旁的引導者就是蕭萬呈先生及本書作者劉憶萱小姐。

和我一起前進的劉于禎跑友，他說：這就是正面的力量。說希望能有更多的跑者用文字及行動激勵人心，讓這個社會不再冷漠，人與人之間是充滿正向的熱情。

馬拉松讓我們跑在台灣各處的大小鄉鎮，甚至國際都市；跑步忽地變成了一種旅行，辛苦又快樂。從書裡的文字看來，憶萱也這樣帶領著我們神遊陌生的異地，寫出我們想要形容的心情。我們都因腳步展開玩跑的旅行，接近當地的人，呼吸著不同的空氣有著一樣的感受。

跑了11年，跑過了三百多場的馬拉松，我總認為在跑步世界裡最美的風景其實就是人，像作者這樣的人。

在書出版前，先祝她築夢踏實，美夢成真，跑遍世界，能展現台灣女跑者獨一無二的美麗力量及特色。有人說她是人品一流跑一流的一品萱，很開心有幸先一睹書裡的跑步心情，看著她寫出女生獨有的柔軟純真以及勇氣。我所認識的她在不少的比賽場合更是擔任雙語主持人鼓勵著大家前進，我想這樣多才的女生我們應該稱她是～極品萱。

鄒雙喜 國際超馬協會評定國內唯一金牌認證選手

出版社寄來書稿時，內心欣喜萬分。能先睹為快憶萱奔馳世界十幾個國度馬賽的珍貴紀錄，就好像我也置身其中，感受進終點時群眾的驚呼；經歷過馬拉松比賽的人才能夠心領神會當下的喜樂，一輩子魂縈夢繫的甜美。

去年退伍時單位同仁送了一座勳獎章紀念牌，我視為珍品傳家；新書初稿

映入眼簾也有一面憶萱「走破世界」的馬拉松獎牌展框，立刻吸引我矚目。年輕、高學歷、熱忱、樂觀是我對她的第一印象，沒想到憶萱還參與過這麼多場國際賽事，可以說是國內少數深具世界觀的女性跑者。當我們悠遊在她的賽道時，同樣也感受到當地的風土民情和賽事特色；書本刊印後，可以當做後進跑友參賽指導，而憶萱就是最佳活廣告，她的經歷恰好可以連接臺灣跑者與世界接軌的平台，特別是近年來國內女性跑友人口激增，有許多夢想參加國外經典賽事的朋友，更能夠藉由作者的第一手體驗，得到出征的動力。

跑馬讓人不停成長，而成就是屬於努力的人；憶萱的腳步不會停歇，我們期待她的下一段精采旅程，一如她一貫認真執著享受生活、豐富生命的態度。

蕭萬呈 台灣路跑馬拉松協會創會理事長

讀萬卷書行萬里路豐富了人生閱歷，《用馬拉松旅行世界》讓生活更具意義，讓人生更加精采，「人若精采，天自安排」，書中作者精采的人生馬拉松之旅，跑遍歐、美、亞洲各地，處處都有驚豔，豐足的人生不留白，所以有了「為生命喝采，人生是一場永不放棄的馬拉松」喃喃沉思之語。

書中窺出作者的馬拉松腳步輕盈快意，一路柔和的跑跑停停，捕捉沿路瞬間美麗風情，留下永恆的畫面予讀者分享，充分享受跑步的樂趣與美不勝收的美景，讓人欽羨不已，與一般追逐成績賣力衝刺的跑者大異其趣。

誠謂馬拉松的旅途上，寧可落後別人，也不願是個什麼都沒看到的追逐成績者。閱讀本書後，作者這種享受跑步才是最重要的目標，給喜歡跑步的我另類的思維，倍覺跑步的樂趣有增無減，渲染更多人享受運動、旅遊的興致，同時捨棄追逐完成次數、成績的心態，啟發了今後跑步的愉悅與豐足，繼續邁出步伐，跑得輕鬆、跑得快樂、跑出健康，也分享馬拉松的饗宴，同時跑出馬拉松的價值，臻於跑步人生的最高境界。

作者的理念也告訴我們人生是一連串不斷的學習外，也指出「不要在意我們自己在人生跑道上起跑前的位置、起跑後的速度，記住，我們每個人的生命跑道都是等長的，決定我們人生成敗的，只是我們每個人自己跋涉的腳步和勤奮，堅持是成功唯一的要素。」

人生幾何，能夠以馬拉松旅行世界，誠為平生快事，蒙作者抬愛，囑為新書作序，才疏學淺，實不敢當，僅以淺見表達對作者欽敬之意。

吳宏達 台灣路跑馬拉松協會理事長

2013年6月的關山馬拉松九日連賽，賽前好友相聚，閒聊著大家的路跑經歷，真是趣味橫生。憶萱談到去北歐、去荷蘭、去許多地圖上認識的城市跑馬拉松。如何奔波到賽場、又如何地歡樂跑馬、如何吃吃喝喝跑馬、如何選手之

夜、如何的音樂會等等，真是感到奇異且欣羨，只想能立刻衝出去奔跑哩！

憶萱的書，將她到世界各地跑馬的心得，各個場地的人文風情和地方特色與大家分享。以她豐富的精采閱歷、特殊的跑馬節奏與細膩的心思，親身體驗、觀察，記錄心得感觸。想是路跑書也是旅遊書，都是跑者的福氣。

前輩說路跑讓生命更精采更豐富。每場活動，也都有獨特的賽事風格與賽道景觀，有的注入當地風俗文化，和人文氣息。例如，南橫超馬即是以布農族的風格來呈現刻苦耐勞與山林拚搏的生命韌性；環花東多日賽，以山海戀的主軸，則呈現阿美文化感恩與分享的特色；蘭嶼馬拉松藉由飛魚神話，表達對自然生態的敬畏，期於遠離塵囂的汪洋小島自我放空，追尋生命的靈感。有的則結合為采風之旅，例如城市馬拉松和戰地風光的金門、馬祖。而關山九日連馬，跑者可感受到客家的簡樸性格，以及後山人不計成敗不畏艱難日夜打拚奮鬥的人生觀。

當我們認為路跑活動可觀照生命，於是激起熱情全心投入，努力經營、認真訓練、和學習，氣勢磅礴的經歷一場又一場的挑戰，一次又一次的突破，回報也不可思議。思索這些情懷，不得不佩服憶萱。清新的形象和良善的心，自然而然，出現在一篇一篇玩跑馬拉松的文章裡。細細讀來，令人欣喜！尤其配上精彩的照片分享，直接感受心情故事的酸甜苦辣。

路跑世界如此寬廣，人口眾多。憶萱的獨特風格與美感，究竟如何？

陳俊彥 超級馬拉松24小時賽全國紀錄保持人

憶萱，妳用雙腳跑遍世界各國，記錄著每一場比賽的過程，真的是「用馬拉松旅行世界」，太棒了！也與國外跑者分享台灣跑者瘋百馬的故事，百馬奇蹟真是另類的台灣特產。

《用馬拉松旅行世界》對馬拉松跑者而言，是種夢想與期待，且非常的有意義與紀念價值，太精彩了！

愛馬人士齊名熱血推薦！

江巧文 城市探險隊隊長 海豚飛	**郭豐州** 中華民國超級馬拉松跑者協會副理事長
江彥良 江湖跑堂 堂主	**郭宗智** 超馬百公里國家紀錄保持人
良舫設計 設計總監	**陳錦輝** 首位成功挑戰穿越歐洲超馬賽的華人
邱淑容 超馬媽媽	**甯耀南** ETS台灣區代表　忠欣公司策略長
黃衍齡 超馬女俠	**劉金書** 台灣大腳丫長跑協會　理事長
許績勝 台灣馬拉松、半馬、	**盧明珠** 2012斯巴達超馬亞洲女子第一名
一萬公尺三項紀錄保持人	

別人的邀約，而是為了
回應內心的呼喚。
有行動力的旅行，就
在太雅出版社！從教你
如何旅行，到教你如何
圓夢，太雅始終是你的
旅途良伴。

Content 目錄

世界走破，憶萱的馬拉松地圖

004　推薦序

A 我的玩跑夢想

012　為生命喝采，人生是場永不放棄的馬拉松
017　養成以終為始的習慣
018　各國馬拉松獎牌
020　跑衣大觀園

B 用雙腳奔馳在世界

RUN 1 歐美的馬拉松世界
026　**阿姆斯特丹** 用創意科技紀錄跑者們的獨家鏡頭
034　**斯德哥爾摩** 一場4℃的雨中馬拉松
040　**瑞士少女峰** 征服最美也最累人的阿爾卑斯山脈
045　**威尼斯** 在優雅水都一圓生日馬的夢想
050　**巴黎** 跑過最浪漫的42.195公里
056　**洛杉磯** 快樂的加州人，讓馬拉松成為大型遊戲場
062　**舊金山** 夢想能夠跑過舊金山大橋
067　**芝加哥** 在世界六大馬拉松賽中分享台灣的美好

一趟充滿回憶的旅行需要行動力，圓一個夢去完成心中的渴望，更需要行動力。這些旅人，不只是在旅行，更是在找自己；並企圖在旅程畫下句點之後，能確定人生方向，投入他們真正想要的志業，過他們更樂意去過的生活。

圓夢，不是靠衝動，而是一股持續醞釀與增強的動力；也不是因為

RUN 2　亞洲的馬拉松精神

074　**東京**　大和民族最親切熱情的動員

082　**曼谷**　跑馬X單車迷大愛的越野混搭賽

088　**耶路撒冷**　跑在3000年的神聖古都中

096　**杜拜**　最多金的馬拉松，體驗中東沙漠裡的奢豪

100　**北京**　修女也瘋狂之為慈善而跑

RUN 3　台灣的馬拉松熱力

108　**宜蘭礁溪**　那一年我們一起跑在雨中的馬拉松

110　**環台超馬**　台灣馬拉松大跨步

114　**三鐵接力**　團隊奮戰的溫暖與榮耀

116　**南投三鐵**　日月潭泳渡、單車、公路馬拉松

120　**富邦路跑**　陪伴毅力驚人的小女子完成初馬夢想(大感動!)

124　**基隆五分山**　牽起希望的線，視障者陪跑的啟發

127　**鎮西堡志工馬與超馬賽**　服務別人前，自己先跑過一遍

130　**太魯閣**　世界唯一的峽谷馬拉松

136　**合歡山**　極限的挑戰，高海拔的美景

138　**三重**　請妳陪我跑到人生的最後一刻，嫁給我吧!

140　**鳳山**　軍校裡士氣驚人的百馬團

142　**跑馬人生**　落馬人的心情，我懂

C 40場完馬·後記

146　馬拉松改變我一些事，一些想法

A
Marathon
我的玩跑夢想

攝影／marathon-photos.com

不在乎輸贏，用微笑抵達終點，
珍惜全心投入的每一刻。
我並非天生的運動家，只是平凡的上班族，
以捕捉馬拉松裡令人感動的事物為樂。

攝影／
marathon-photos.
com

Run, run, run!

為生命喝采,人生是場永不放棄的馬拉松

話說女人 40 一支花
花若盛開蝴蝶自來
人若精彩天自安排

1 BP 三鐵社的好伙伴們，特別在比
賽開跑前送花，預祝我順利完賽，
真的非常的感動
2 有一天在竹北的縣政府附近晨跑
繞圈圈，看到漂亮的鳳凰花落滿
地就做成一隻蝴蝶當紀念
3 浪漫星光馬的亮麗紀念衫。衣物
袋可防下雨弄濕衣物，這是台灣
少數馬拉松賽事有提供的

　　跑步的習慣是我 2004 在工作時，參加三鐵活動而
養成的，那時候没想過跑全馬，總覺得是個不可能的任
務。直到 2006 年因友人的邀約，到泰國旅遊跑馬拉松
加騎越野登山車，開始覺得非常有趣，進而開啟了我的
馬拉松生命之旅。我的第一馬以 6 個多小時的時間抵
達，到達終點時覺得雙腳不像是我的，抽筋又膝蓋痛，
好想哭……

40 歲前問自己：我能留下什麼不一樣的回憶？

　　我一直是斷斷續續的參加跑步活動，就在 38 歲那
年決定來個國外生日馬時，就開始了這個夢想的雛形。
我在期待自己即將邁入 40 歲之前，問了自己：我能留
給自己什麼不一樣的回憶？

　　40 是個不小的數字，我選擇以馬拉松完成數來當
自己的里程碑。因此 40 歲前完成 40 個馬拉松，並把
它寫成一本書，便成了我的一個人生大專案。當然這樣

的目標一定要向 BP 三鐵社的好
友宣告，透過好友們的支持，2013
年 7 月 20 號我跑完浪漫的台南星光
馬—我的第 40 個馬拉松也如期在 40 歲
前完成！

　　從 2012 年 9 月的 15 個馬拉松完成數，
到了 2013 年 10 月完成了 46 場馬拉松及 5 場
落馬記錄。一年的時間完成了將近 30 場馬拉
松，平均一個月 2.5 場。從當時鮮少人連馬 (馬
拉松一場接一場)，到現在看到眾多跑友連馬，
不只是隔週連馬，而是週末的兩日連馬。台灣
的馬拉松風氣蓬勃發展，可見一般；各個賽事
的主辦單位無不用盡心思的來辦好一場活動。
我最感動的是我的第一個志工服務賽事還辦了
志工馬，大家跑出了好感情與團隊默契；第二
年一樣再辦志工馬，恰巧是我的生日，而我的
生日當天也參加了我最喜愛的尖石鄉鎮西堡馬
拉松活動，特別感謝主辦單為的精心策畫慶生
活動，讓我的 40 歲生日過得非常不一樣。為
此，除了感恩還是感恩。

Photo by Frank Jia **3**

1 在芝加哥遇到彩色路跑 (Color Run) 的跑
者
2 江湖跑堂的江彥良堂主幫我整理了所有
的國外馬拉松完成獎牌,並一一拍照
3 江湖跑堂於 2013 年籌劃的國際馬拉松
獎牌展,開放式的展出在良舫設計的工
作室門口。圖為第一期的展出獎排,由
江彥良先生向馬拉松界的好友們發出邀
約,請跑友寄給他展示
4 鎮西堡馬拉松第二屆的志工馬,恰巧
在我生日的當天舉行,主辦單位蔡
會長與夫人小影精心安排蛋糕慶生
(攝影/葉昶鑛)
5 完成 40 馬時,替所有的獎牌拍照

認識愛跑馬的朋友,一起分享馬拉松的故事

在我達到 40 馬的目標後,我把所有的獎牌或完賽紀念品排成一個圈圈,有兩個賽事沒獎牌,就用碗跟襪子代替。在跑友的推薦下,應江湖跑堂的邀約,我參加了 2013 年 11 月舉辦的第一場國際馬拉松獎牌展,與世界走破的馬拉松分享會。很巧的我們都喜歡國際線的馬拉松賽事,這個緣份也奇妙的讓我成為跑堂的一員。堂主江彥良以巧思幫我取了個江湖名號登場:「跑步一品人一品,人稱一品跑一品」的一品萱。

很榮幸的,我參與了這麼有意義的活動與分享,不僅看到馬拉松人的堅持、熱情與投入,江堂主也幫我把國外的獎牌拍得美美的,供本書使用,真的很感謝他。接下來就跟江湖跑堂,一起世界走破吧!

因為有馬拉松,生命開始不同

除了好友們的支持鼓勵,完成 40 場跑馬的這段日子以來,也特別感謝上帝的恩典與祝福,隨著目標逐漸接近達成的時間,讓我有很多特別的經歷。例如開始投入志工,不管是衣保組、大會組,或是會場翻譯、超馬期刊的翻譯,甚至客串主持,一直到在重量盃正式拿起主持棒。這些經歷,讓我真正體驗到馬拉松活動的難度與挑戰。這一路走來有貴人相提攜,很慶幸能為台灣的馬拉松貢獻一分綿薄之力。

我的生命中有了馬拉松的出現,不再一樣,我是一個跟大家一樣的平凡上班族,因為抱持著一顆願意比別人多做一點的心,我經歷了神給我的奇妙祝福。聖經說:「有給人的必有給你的」;不求回報的付出,才能得到真正的快樂。馬拉松帶給我的學習很多,讓我面對不如預期的結

果時，開始能以最快的時間調
適。我也漸漸不怕失敗，只怕沒
有勇氣檢討與面對自己。

　　永不放棄，永不投降 (Never give
up，Never surrender)—這是我的座右銘。

　　其實在每位跑者的心中，都有一個特別的
「馬拉松之道」，不一定要「世界走破」才能體會
與領悟。當我們在馬場上持有一顆正面並有影響力
的心，我們就能一起引導並提昇台灣馬拉松的層
次，所以馬拉松的引導者一是你，是我。而我的馬
拉松之道是：在賽道上「每個人終點都一樣，卻以
不同速度完成」，讓我體認到「人生一定要動，才
有競爭力」，而且我們必須明白人生的目標是什
麼，以終點的眼光來計畫安排過程中的需求，這樣
的好處是一直都能有最終的目標指引，不會做了很
多，結果不知道所要的目標是什麼。

　　願我們都能成為彼此在馬拉松賽道上方方面
面的幫助者。

1 2011 年參加東京馬，向官方購買的照片
　攝影／All Sports Community
2 40 歲就要有特別的紀念品，朋友訂做的水晶杯……令人驚豔的 40 ！
3 2013 年在耶路撒冷馬拉松的終點處，與來自德國、法國的初馬跑者合影

我的馬拉松心得
養成以終為始的習慣

完成一場馬拉松也是一個偉大任務，需要完整的計劃。對於沒跑過馬拉松的人來說，至少要三個月的訓練計畫。三個重要的準則就是：持之以恆、樂在其中、量力而為。羅馬不是一天造成的，每一天都很重要。衡量自己的實力、設定想達成的目標，再配合訓練計畫展開。

每天要跑多少公里、訓練的速度、強度、賽前一週的飲食控制儲存能量、熱量的攝取要如何均衡……注意這些細節，在比賽的時候才能有最佳的表現。另外，體重對於跑步來說很重要，如果身體能瘦一點，就可以跑得輕鬆點，也可以跑得快一點。我並非天生的運動家，憑著一股傻勁開始預備，我的初馬也是完成的很痛苦又快樂。

完成一場馬拉松，需要的不只是體力毅力，還有計畫及實踐目標的能力。《與成功有約》(The Seven Habits of Highly Effective People) 一書中，提到了一個以終為始的觀念 (Begin with the end in mind)，不管是在工作管理或個人生活上的大小

事，甚至是跑馬比賽，都能好好運用這觀念：將期待的結果目標當做起始點來展開計畫，找出為了達成目標而必須實行的方法、步驟，明確的執行，達成目標，就是以終為始的精神。

當然不是有了萬全準備就不怕遇到挑戰與困難，每次跑馬拉松都會有撞牆期—很想放棄，安慰自己說這樣就夠了、已經很好了。一旁是熱情的民眾夾道鼓勵，一旁是等著你放棄比賽的收容車，天使與魔鬼同時出現時，一旁民眾的掌聲與加油聲音、這麼多人無私的為跑者加油，成了鼓舞跑者不斷的努力往終點前進的動力，想放棄都不行。

在我們的生命中也是如此，總是會有人一直在支持，鼓勵著我們克服困難。每過一個障礙都讓我們成為更成熟有智慧的人。對我來說，馬拉松是一個跟自己比賽的運動，每一次都為自己的進步高興，是一場沒有輸贏，只有獲得，沒有失去的旅程。

馬拉松是一場跟自己比賽的運動，不在乎輸贏，而是你超越自己了沒有？

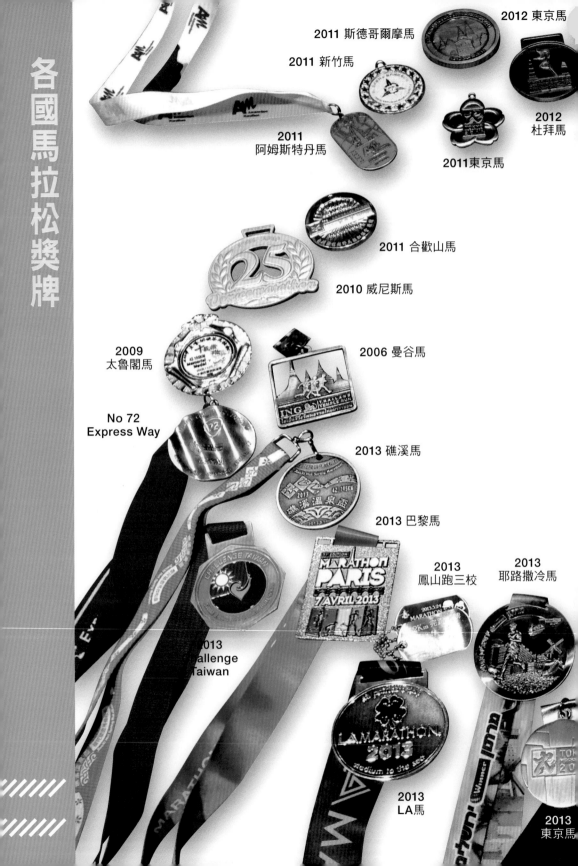

各國馬拉松獎牌

2011 斯德哥爾摩馬

2012 東京馬

2011 新竹馬

2011
阿姆斯特丹馬

2012
杜拜馬

2011東京馬

2011 合歡山馬

2010 威尼斯馬

2009
太魯閣馬

2006 曼谷馬

No 72
Express Way

2013 礁溪馬

2013 巴黎馬

2013
鳳山跑三校

2013
耶路撒冷馬

2013
Challenge
Taiwan

2013
LA馬

2013
東京馬

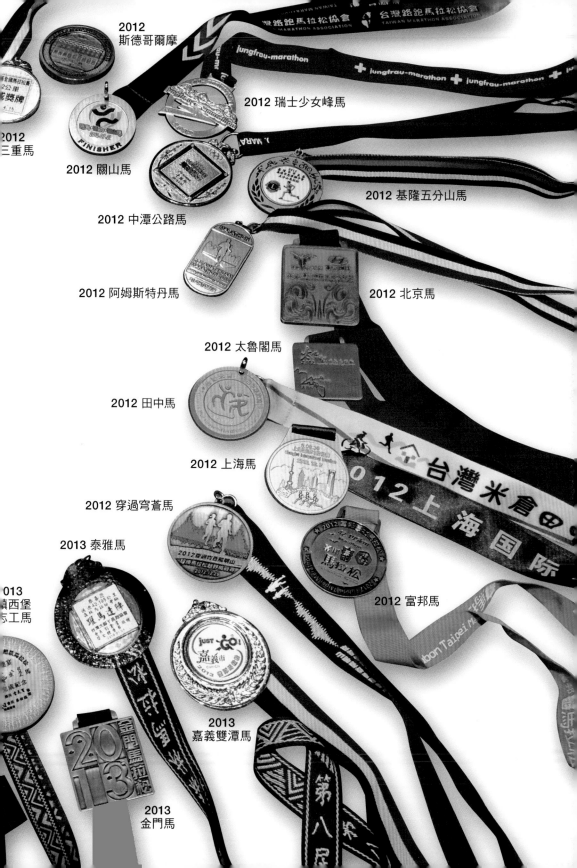

2012
斯德哥爾摩

2012 瑞士少女峰馬

2012
三重馬

2012 關山馬

2012 基隆五分山馬

2012 中潭公路馬

2012 阿姆斯特丹馬

2012 北京馬

2012 太魯閣馬

2012 田中馬

2012 上海馬

2012 穿過穹蒼馬

2013 泰雅馬

2013
嶺西堡
志工馬

2012 富邦馬

2013
嘉義雙潭馬

2013
金門馬

2011
阿姆斯特丹

2012
阿姆斯特丹

2011
斯德哥爾摩

2013
芝加哥

2013
東京

2013
耶路撒冷

2012
瑞士少女峰

2011
斯德哥爾摩
(練習T)

2012
斯德哥爾摩

2013
巴黎

2013
LA

2012
東京

B World 用雙腳奔馳

讀萬卷書不如行萬里路。
對我而言，馬拉松是Life Style，也是旅行「開眼界」的方式，
在每個城市的馬拉松裡，你會感受到專屬這地的獨特創意和生命氣息！

在世界

Running on
this worold

Europe
RUN 1

阿姆斯特丹｜斯德哥爾摩｜瑞士｜巴黎
威尼斯｜洛杉磯｜舊金山｜芝加哥

歐美的馬拉松世界

童話仙境般的少女峰、浪漫的巴黎塞納河畔、星光閃閃的比佛利大道……
有多少機會，這些著名的道路風景會為你封路，讓你盡情的跑？
歐美的馬拉松，總是讓人充滿浪漫的情懷。

跑在阿姆斯特丹

完成時間：04 41

用創意科技紀錄跑者們
的獨家鏡頭

Amsterdam

Marathon

兩次參加阿姆斯特丹馬拉松，陰涼的好
天氣讓我每次都破個人 PB。比賽中令人
震撼的開場，以及水陸兩岸的熱情加油
表演，這真是一場好快樂的馬拉松：）

緩緩的走進運動場裡，看著牆上的奧運 logo，突然覺得自己像是一個要為國家出征的選手。《Conquest of Paradise》這首音樂在這冷冷的天氣裡飄揚在體育場裡，燃起了大家心中的感動與熱情。看到跑者們向看台上的加油親友揮手及送上飛吻，畫面真的很溫馨。出門在外比賽，更能理解與體會有親友在旁支持完成馬拉松，是多麼幸福的一件事。想想前一天我還在看台悠閒的享受午餐，今天就轉換位置在賽道上。今天的主角是我，心中澎湃的情感如海浪一樣洶湧，這一刻的心情領會是我喜歡跑馬拉松的原因之一。

　　由於一早的溫度較為寒冷，比賽前還看到有些用心的選手先穿著像是無塵室的工作衣服，等起跑時再脫掉。我還真是開了眼界，了解到原來起跑前的保暖方式可以有很多不同的選擇。

水陸兩岸都有樂團的表演加油

　　阿姆斯特丹馬拉松最美最享受路線就是河岸賽道，河面的船隻上有樂團表演，而且不只一艘船。樂團的主唱歌手與選手們一起呼應對唱，好新鮮又令人感到特別

1 特別的保暖衣　　2 成千上萬的親友加油團在看台上　　3 賽前一天在看台吃午餐

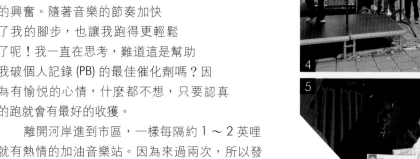

的興奮。隨著音樂的節奏加快
了我的腳步，也讓我跑得更輕鬆
了呢！我一直在思考，難道這是幫助
我破個人記錄 (PB) 的最佳催化劑嗎？因
為有愉悅的心情，什麼都不想，只要認真
的跑就會有最好的收獲。

　　離開河岸進到市區，一樣每隔約 1 ～ 2 英哩
就有熱情的加油音樂站。因為來過兩次，所以發
現很多跟上次是一樣的表演團體。看來主辦單位
已經有一個固定的班底了呢！其實不只是音樂，
這次看到穿插小朋友的一些趣味競賽，不影響賽
事的進行，反而讓選手看到小朋友可愛活潑又有
創意的一面。馬拉松賽道上的加油方式沒有一定
的規格，只要是參與其中，不管是否有直接與選
手互動，有聲或無聲，同在就是一種激勵，陪伴
就是一種力量。

4 一旁參與趣味活動的小朋友
5 沿途定點都有加油樂團或音樂，熱情掌聲不間斷
6 可愛的音樂馬車
7 大約是 15 公里左右的位置
8 整個賽道封閉只准跑者上路
9 官方攝影師捕捉的畫面，提供跑者購買留念
　 攝影／ marathon-photos.com
10 賽道旁一個默默以掌聲支持的加油者

用感應晶片拍下你的跑馬英姿

2011 年我第一次參加荷蘭阿姆斯特丹馬拉松時,最讓我印象深刻的是它的計時晶片科技應用。賽後的相片及動態錄影是我參加過的其他賽事不能相比的。而且報名費相對比其他歐洲國家便宜,留下的實質回憶又多,算是很超值喔。

我們所戴的晶片每經過感測點就會有記錄、拍照跟錄影;凡跑過必留下證據,賽後只要進入網站頁面,輸入個人資料,就可以看到整個馬拉松過程裡,個人的速度表、定點錄影的片段,還能清楚看到屬於自己的鏡頭畫面。早知道有這些相片紀錄的話,就要跑出優美的姿勢並展露出樂在其中的笑容。這些影片可以用來跟親友分享自己馬拉松經歷與心情故事,將喜悅帶給人。這樣的回憶是美好無比的。真是最好的感動行銷了。

近年來由 marathon-photos.com 等馬拉松照片平台可以知道,活動照是

一塊大餅。在國外要取得官方賽程中的照片是要付費的,而且除了官方的攝影人員,還有很多個人的攝影師或攝影公司,會在跑道旁幫你拍完照後遞給你一張名片。賽後用號碼查,一張要價約 7 歐元。其實說真的值得,跑步很難帶著一台專業的單眼相機。目前台灣的馬拉松賽事有個人攝影師,補給王、動一動、運動筆記、馬拉松世界等網站,會在有參與的賽事結束後,免費讓跑者下載比賽照片。

人生是一連串不斷的學習

創意是現今職場人努力追求並期待自己能與眾不同的能力之一。參加國外的馬拉松要學習的創意不只是來自於跑道，最重要的是來自於賽前主辦單位所舉辦的 EXPO，及那些幕後看不到的運籌帷幄。通常短短的幾個小時就能在 EXPO 看到很多的東西。不誇張，真的是食衣住行訓練樣樣都有。主辦攤位用心提供一個平台，讓商家有業績，讓跑者也可以選擇適合自己的商品。對於選手或家屬而言，來到這樣的場合，是拓展視野、學習國外經驗與創意的好地方。

主辦單位這次在展場設立了一面牆，讓跑友及親友留下親筆簽名或祝福。第一次看到時，覺得是很新鮮又很棒的點子。還有這次在展覽館看到可愛的 Mizuno 鞋，設計成荷蘭小木鞋的造型好新鮮，真是好有創意又可愛。參觀完了展覽館，接著就去 Pasta Party 補充能量。有不同的時段可以選擇，一般都要事先買好，免得現場想買沒位子。

A **幸福回憶！**
跑馬成績證明
只要靠一個晶片記錄號碼，你就可以讓親友透過 APP，即時得知你的位置，賽後還可以在線上看到通過感應點的畫面紀錄，然後選擇要購買的相片或影片，或這種附相片的成績證明。

B **在地設計款！**
荷蘭木鞋造型的慢跑鞋
在展覽館看到可愛的 Mizuno，荷蘭木鞋式的造型好新鮮，真是好有創意又可愛。

C **貼心 100！**
主動提供的塑膠披風
主辦單位因應天氣的變化，顧慮到跑者生理上的防寒需求，主動的在終點提供塑膠披風給跑者保溫，讓我見識到他們的細心與體貼，不僅注意到大環境的變化，還採取即時的因應措施。

D **自由揮灑！**
萬人簽名牆
讓跑友及親友留下親筆簽名或祝福的留言牆，是我第一次看到也覺得很棒的點子。

攝影／marathon-photos.com

賽後小旅行，讓城市啟發你

赛後不妨來個輕旅行，除了雙腳外，更要好好利用腳踏車來瀏覽這座城市的風光。在這個腳踏車的天堂國度裡，我領會了城市裡簡樸的美，與優雅又有氣質的生活步調。一張地圖、一台腳踏車就能在阿姆斯特丹市區流連忘返了。逛書攤時也可以欣賞街頭藝人非常投入的表演。走過大街小巷最喜歡的是看看運河的風貌。阿姆斯特丹的每一條運河都有吸引人的優雅風景和韻味，騎車騎累了就坐在河邊喝咖啡吃點心，欣賞往來的船隻。

跑步和畫畫一樣都要靠練習

參觀梵谷美術館時，忽然回想到一位教育訓練的講師說過，梵谷是最佳的自我反省、自我覺察的學習典範。梵谷對畫畫的學習渴望，到了可以不吃飯但不能不買顏料的地步。不斷的畫畫，熟能生巧 (Practice Makes Perfect)，這句話也可以說是：唯有不斷的練習才能創造出好作品。對一個跑者來說，馬拉松是要靠練跑累積實力，也如盧瑞忠教練說：「沒有節奏不談長跑，沒有強度不談速度」。要跑得好、跑得快，靠的就是不斷的練習。

11

11 每條運河都有吸引人的優雅與韻味
12 一張地圖、一台單車，就能在阿姆斯特丹享受慢活生活

12

約翰藍儂與小野洋子的床上靜坐運動

約翰藍儂 (John Lennon) 和 小野洋子 (Yoko Ono) 曾在阿姆斯特丹舉行了一個特別的蜜月，整整七天他們待在希爾頓飯店的床上靜坐 (Bed-in)，接受媒體的訪問，宣揚反戰與和平的理念。我住在希爾頓飯店時，參觀了這間蜜月套房，了解他們的理想之後，不禁感嘆成名之後活著不再只是為了自己，而是可以發揮自己的影響力來想辦法讓世界變得更好，真是好偉大！

13

14

15

13 在街上亂逛、享受路邊攤的美味，我想這是了解當地文化最直接也最快的方式

14 逛書攤時也可以欣賞到街頭藝人非常投入的表演

15 坐在橋上喝咖啡吃點心欣賞來往的船隻

阿姆斯特丹馬拉松相關資訊

時間：每年 10 月
氣溫：攝氏 8 ～ 15 度
報名費：全馬 65 歐元
報名時間：11 ～ 9 月或人數上限額滿則報名截止
人數上限：全馬 15,000 人，半馬 15,000 人，8K 5,000 人
組別：全馬、半馬、8K、Kids run 1k、Echo mini marathon
賽前展覽會場：有
獎金：有
完成獎牌：有
起跑時間：全馬 09:30
時間限制：6 小時
起跑點：Olympic Stadium
終點：Olympic Stadium
路線圖：有，www.tcsamsterdammarathon.nl/en/course-tcs-
amsterdam-marathon
歷史成績記錄：evenementen.uitslagen.nl/2012/
amsterdammarathon/index-en.html
補給站：約每 5K
配速員：有
Pasta Party：有，15 歐元

報名官網：www.tcsamsterdammarathon.nl/en
官方照片：www.marathonfoto.com
備註：可以 30 ～ 48 歐元的價格購買整組的個
人照片，也可以購買定點的錄影帶

我的旅程安排

預估旅費：NT$70,000 ～ 130,000 元
行程安排：7 天 5 夜
航空公司：華航或荷蘭航空，通常荷航的機票較
便宜
住宿費用：Hilton 一晚約 NT$14,000，青年旅館
一晚約 NT$1500
交通花費：機票加公共交通工具約 NT$45,000，
主辦單位有提供選手以優惠價格購買地鐵公車多
日票的證明

我的圓夢小札

創意，不只帶來商機還帶給跑者幸福的感動

跑國外馬是拓展視野、學習經驗與創意的好機會。阿姆斯特丹的比賽，讓我感受到馬拉松不只是把活動設計得讓跑者滿意，更重要的是如何獲得更多金錢上的資源，來把活動辦得更好，同時吸引跑者願意把錢拿出來買周邊產品。因此主辦單位跟贊助商的關係便如同水幫魚魚幫水。有效的策略聯盟，能構成三贏局面，讓主辦單位有面子、贊助商打響知名度、跑者享受完美的馬拉松，大家都成為最大的受益者！就像此次的掛名贊助商 TATA Consultancy，在賽事的軟硬體上，如晶片號碼結合跑者像片、影片搜尋等，都有很棒的品質與效率，是其他賽事還沒有見過的。

VÄLKOMMEN TILL

跑在斯德哥爾摩
一場 4°C 的雨中馬拉松

完成時間：
05:00

Stockholm
marathon
Sweden

asics

asics STOCKHOLM MARATHON

RENAULT

攝影／marathonfoto.com

攝影／Martin Ekenquist/ASICS Stockholm Marathon 2012

斯德哥爾摩的馬拉松自 1912 年的夏季奧運舉辦至今，已將近有 100 年的歷史。第一屆馬拉松是在 1979 年舉辦。每年約在 5 月底、6 月初那一週的星期六舉行。人數限制約 21,000 人，且只有全馬跟輪椅組的賽程。吸引超過 80 個國家的跑者，就可以知道她的魅力。斯德哥爾摩的馬拉松主辦單位在舉辦國際馬拉松活動上非常的專業，是一個結合運動文化帶動觀光經濟的全民運動。

報到的地點位於奧林匹克運動場的附近，在 EXPO 領了號碼布，賽前展覽館有一些攤位，但不是很多，而亞瑟士是主要的贊助商，所以它們的產品與馬拉松相關的紀念商品特別多。

比賽前一天的 Pasta Party 有不同的時段可供選擇，如果想和其他跑友在賽前有交流的機會，就別錯過這一起吃飯的機會。北歐的飲食習慣確實很不一樣，也許是氣候的關係，很多食物都是生冷的，義大利麵是冷的，麵包是薄的硬的，一樣是塗上厚厚的奶油，雖有一點難適應，但也還蠻好吃的。

又冷又濕的天氣，有五千人棄賽

6 月初的斯德哥爾摩風和日麗，氣候宜人。但面對全球暖化天氣實在也很難拿過去的氣候經驗來參考。2012 年就是一個特例，天氣異常的冷，又下雨又冷，到最後甚至只剩 4℃ 左右，讓數千名跑者打了退堂鼓及中途放棄。我的手指頭已經凍到無法將掉落的號碼布再別上，跑完了之後雙腳完全不用冰敷恢復。也聽說有將近 5,000 人放棄，很慶幸自己最後能順利完賽。

馬拉松小常識

賽前讓選手補充能量的 Pasta Party

有些馬拉松的展覽場會有個 Pasta Party 區域，供應澱粉類熱食 (需另外付費購買)，因為一般跑者希望跑出好成績，賽前一週的飲食會控制，賽前一晚進食澱粉類累積醣分是很重要的。為了讓跑者開始累積體內的能量，在比賽時有足夠的熱量燃燒，便有了 Pasta Party。這也是跟各國跑者一起吃飯、交流的好機會。

一首動感音樂，創造了全
體的共同情感

　　起跑區依照跑者的預估完成時
間而分。當我走到被分配的起跑區域
時，就被動感的音樂所鼓舞。2011 年第
一次參加瑞典斯德哥爾摩馬拉松時，集合所
撥放的歌曲是《Live is life by Opus》（活著就
是生活），這首歌常被用在運動比賽場合。

　　「When we all give the power, we all give the
best, every minute of an hour, don't think about the
rest, and you all the get power, you all get the best,
when everyone gives everything and every song
everybody sing, and it's life⋯⋯」

　　當付出我們的能量、貢獻最好的，每一分
鐘每一秒，全心全意專注，你就獲得能量，得

攝影／marathonfoto.com

到最棒的！當每一個人都付出全部，一起同
唱相同的歌時，那就是人生 (生活)……

　　聽到的時候，頓時心中的感動與現場的
活力氣氛就像是一股電流注入到血液裡。讓
人迫不及待地要在準備已久的比賽中，有最
好表現與衝刺，全力以赴。

　　2012 年第二次參加瑞典斯德哥爾摩馬
拉松，主辦單位還特別製作一首《Run, Run,
Run, the streets of Stockholm》，慶祝夏季奧
林匹克自 1912 年開始，在斯德哥爾摩舉辦
至今已經 100 年了。

　　斯德哥爾摩馬拉松在音樂的準備上是最
用心的，主辦單位真是絞盡腦汁的以音樂來
連結跑者的情感，並讓跑者留下最美好的回
憶。沿途的定點表演團體有學校樂隊、拉丁
歌舞團、搖滾樂團、教會的樂團等近 10 個。
讓跑者在努力向前跑的同時，也能享受音樂
藝術的饗宴。

中午才起跑，和亞洲很不一樣的馬拉松習慣

　　這場馬拉松，我們起跑的時間是中午，
對於亞洲人來說是很特別的，因為亞洲天氣
燠熱的關係，加上城市稠密度較高，早晨上
班時間車流量多，管制不易，所以起跑時間
都安排在太陽還沒出來的時候。但北歐氣候
宜人，又把馬拉松活動當作是全民運動，
所以斯德哥爾摩在馬拉松比賽的當天，
賽道是完全管制的，沒有人車共道
的情形，起跑時間也比較晚。
　　其實我覺得這是比較人性化
的時間安排，但是需要
各方面的支持與配
合，市民也需要
時間去接受
跟支持。

攝影／marathonfoto.com

這場賽事將近有 2 萬多人參加，終點與起跑點不一樣，整個動線的設計非常流暢。主辦單位利用運動場當做寄物的地點，跑者回來後走到寄物區還有一段緩衝距離，但眷屬則比較麻煩，因為不能走進來，必須到寄物區的出口會合，這段距離也將近有 500 公尺左右。

終點跑進奧林匹克運動場時，你會聽見觀眾的掌聲及 DJ 在你接近終點線時喊出你的名字、拿下完成獎牌。往寄物區的這段距離中，有攝影師幫你拍照，最後取下晶片領取完成紀念 T-Shirt。

斯德哥爾摩整個城市對馬拉松非常的支持，對跑者非常的友善，跑者在比賽當天憑號碼布可免費搭乘公共交通工具。這裡的人民教育水平高，而且態度很好。這是我第一個北歐的馬拉松之旅，也讓我從此愛上了這個地方，期望可以連續參加一直到老。

1 斯德哥爾摩完成衫 Finisher T-shirt
2 我的鞋子經過 2012 年的雨天馬後，終於可以休息了
3 攝影／Martin Ekenquist/ASICS Stockholm Marathon 2012

斯德哥爾摩馬拉松相關資訊

舉辦時間：每年 5 月底、6 月初

氣溫：攝氏 3 ~ 18 度

報名費：全馬 112 歐元

報名時間：6 月起 (在當年度的會場就可以優惠價報名下年度賽事)

人數上限：21,500 人

組別：輪椅組、全馬組

賽前展覽會場：有

獎金：有

起跑時間：全馬 12:00

時間限制：6 小時

起跑點：Lidingoevaegen just outside of Olympic Stadium

終點：Olympic Stadium

路線圖：有

歷史成績記錄：有

補給站：約每 3 ~ 4K

報名官網：www.stockholmmarathon.se

官方照片：www.marathonfoto.com

我的旅程安排

預估旅費：NT$80,000 ~ NT$120,000

天數安排：6 天 4 夜

航空公司：國航北京轉機，或華航到法蘭克福轉時間最短，2014 年改搭阿酋航空經杜拜轉機

飯店：Hilton，一晚約 NT$15,000。青年旅館，一晚約 NT$1,500

交通花費：約 NT$50,000。計程車很貴，盡量使用公共交通工具，16 格的 Förköpsremsa 預付條票約 200 克朗，每次使用時將預付條票給入口處收票員或向巴士司機蓋時間即可。另外，Stockholm Card 可參觀將近 80 個博物館，有 1 ~ 5 天等不同的票種，還可以免費搭乘公共交通工具。但如果當天沒有很多車程及博物館的參觀行程，買 Stockholm Card 未必划算

我的圓夢小札

北歐的城市充滿古色古香的氣氛

如果你來到這個古色古香的城市旅跑，可盡量安排結合音樂與藝術人文的體驗之旅：聽交響樂表演、參觀博物館、在城裡散步……夜裡在舊城區的廣場上，靜靜地享受寧靜與安祥的氣氛。我特別喜歡走在街頭小巷裡，每轉個彎都會有不同的驚喜與發現。有些非常浪漫特別的中庭，一道門、一扇窗，讓我完全的把自己遺忘，好像回到從前的那種時空裡。

另外，他們的畢業生是開著卡車在慶祝，畫面真是有趣。

跑在瑞士少女峰

征服最美也最累人的
阿爾卑斯山

完成時間：
07 : 00

Jungfr

Marath

Switzerl

這是我參加的馬拉松裡，海拔爬升最高的一場，
一路跑坡上山，然後再搭火車下來，
可想而知是非常具有挑戰性的。

瑞士少女峰馬拉松給我最大的驚奇是，瑞士不愧為旅遊餐飲管理訓練專業的國家，結合了學術研究單位，從馬拉松的問卷設計，到實際每位跑友帶來的產值與效益都能算得出來。另外，瑞士馬的志工比例相當高，也再次證明樂於服務與推廣是促成賽事成功的重要因素。

　　瑞士少女峰馬拉松起跑點位於歐洲著名的阿爾卑斯山脈的 Interlaken，在 Eiger、Moencha 跟少女峰間，範圍從 Brienz 湖到 Eiger 北峰的山腳。Interlaken 是非常著名的旅遊勝地，英國女王曾到此地度假。

　　這是我參加的馬拉松裡，海拔爬升最高的一場，起點跟終點的高度差是 1,829 公尺，前 10 公里是較平坦的路，後半馬進入山區後高度就開始爬升，一路陡上坡的抵達終點 KleineScheidegg，然後再搭火車下來，所以可想而知一路的上坡挑戰是非常具有難度的，但這也是號稱世界上最美的馬拉松賽道，沿途從頭到尾都是美麗的風景與高山綠水。

童話般的情境，有風琴管弦的傳統音樂相伴

　　20 公里處會進入一個鄉村小鎮，那真的就像是跑在卡通童話裡，有青山、有綠油油的草地，田野間坐落著小木屋，一旁還有安適的牛群們……

　　另外，從起跑點到終點前約一公里的山頭，會有傳統樂器的演奏會，一路聲音迴響十分熱鬧。獨具特色的大鈴鐺加油聲、小鎮裡村民用風琴與管絃樂器演奏歌曲，眼前覆蓋白雪的高山、森林與綠油油的草地上有牛羊放牧，徜徉其間……讓人有如跑在卡通漫畫或是小甜甜的故事裡。

最美，也是最累人的馬拉松

　　跑了 26 公里後，遇上陡坡，真是累到讓我只能用走的，像是爬山一樣呢！第一個遇上的關門點是位於 30 公里左右的 Wengen 火車站附近，這邊的關門點標註的時間，是起跑後 4 小時 10 分之內必須通過這裡，跟不上的人可以選擇搭車到終點或者是回到起點。本來我不以為意，後來驚覺殿後腳踏車出現了，才不得不加快腳步以免被關門。

　　這條馬拉松賽道也是登山車友們熱愛的路線，聽説瑞士的登山車比賽選手在世界排名的成績也相當不錯，果然有好的環境條件就能培育出優秀的選手。來這裡跑馬加騎登山車的度假旅行真的很棒！

爬坡耐力賽比一比
瑞士少女峰馬拉松 - 海拔上升約 1,752m(568m → 2,320m)
台灣合歡山馬拉松海拔上升約 1,558m(1,600m → 3,158m)
台灣新竹鎮西堡超馬海拔上升約 1,300m(300m → 1,600m)

第二個關門點是 Wengernalp，起跑後 5 小時 35 分必須通過這個點，還好我沒被關門，得以順利通過。在這裡可以看到近在眼前、漂亮的阿爾卑斯山頭上的白雪，在太陽的照射下閃閃發光⋯⋯終點已經不遠了。

1　在終點休息區搭火車回起跑點
2　終點 1 公里前的表演
3　最後兩公里左右看到這麼壯觀的畫面真的令人嘆為觀止
4　關門時間到，只要落後於背著掃把的殿後腳踏車，就會被要求停止比賽，並需搭乘火車到終點或起點
5　裝著義肢的馬拉松跑者。當我看到他裝了義肢也仍然來參與這麼難的馬拉松，而且跑得很好，讓我由衷的敬佩他的意志力

攝影／ marathon-photos.com

我的圓夢小札

貼心服務，助跑者征服困難賽道

我之前從未經歷如此陡上坡的困難賽道，但在報到會場看到為跑者客制化的配速表後，卻感到非常貼心！這讓一向習慣於較平坦路線的我有了心理準備，好讓後半程坡度增加導致跑速降低時，也能掌握完成時間。

貼心的事情不只這一樁。起跑當天的早上，在會場有免費按摩的服務，在賽道上遇到醫護站也可以要求幫忙按摩腿部，肌肉放鬆。由於路線困難，在半路上看到很多跑者體力不堪負荷而停下來；無法繼續完成賽程而放棄的人也是很多。

6 幫跑者依此賽事難度而做的客制化配速表
7 在比較難爬的路段有人幫忙拉一把

瑞士少女峰馬拉松相關資訊

時間：每年 9 月
氣溫：起跑點 Interlaken 約攝氏 9～18 度，終點 KleineScheidegg 攝氏 6～15 度
報名費：約 CHF140
報名時間：約 2 月
人數上限：約全馬 4,000 人
組別：全馬
賽前展覽會場：有
獎金：有
起跑時間：09:00
時間限制：7 小時
起跑點：Interlaken
終點：KleineScheidegg
標高圖：www.jungfrau-marathon.ch/en/course.html
歷史成績記錄：www.jungfrau-marathon.ch/en/Ranking_list.html
補給站：有
配速員：無
官網：www.jungfrau-marathon.ch/en/inscription.html
路線圖：www.jungfrau-marathon.ch/en/course.html

介紹：www.wengen.com/evejfm.html
備註：官方的照片可以在賽後購買，拍得很棒，一整套也不便宜，約需 NT$4,000 左右

我的旅程安排

預估旅費：NT$85,000
天數安排：6 天 4 夜
航空公司：瑞士航空。交通安排可以搭飛機到蘇黎士，然後搭火車到 Bern 再轉到 Interlaken
住宿花費：4 晚約 NT$20,000(約 3 星)，Bern 的飯店都很貴
交通花費：機票約 NT$45,000

跑在義大利

在水都威尼斯一圓
生日馬夢想

完成時間：06 05

Venice
Marathon

如果每一年的生日當月能參加一場國外的馬拉松
會是多麼棒的生日禮物呢？
就在這一年，我為自己訂下了這個目標！

1

為了一圓海外生日馬拉松的夢想，我報名了威尼斯馬拉松。為什麼是威尼斯？純粹是因為找不到比威尼斯更合適的了！這是我很久很久以前第一個出差的國家，什麼都忘了，只有空氣的味道沒忘記，美好的回憶從這場馬拉松再次好好的回味吧！

　　報到當天，臨時搭建的展覽場外，有個大大的養樂多瓶子，讓人覺得好親切。展場內有很多不同的商品攤位，這是我逛馬拉松展覽會的初體驗，有種井底之蛙看到外面世界的驚嘆。最新奇的是，主辦單位用 Google Earth 錄製了賽道上的路況，在展覽會場裡有不同語言的說明時段，一步一步按著公里數介紹路線，讓跑者事前能清楚的了解路況與景點，還可發問，可說是科技的創新應用。

點燃熱情的馬拉松音樂

　　起跑的早晨，一早就搭接駁車到起跑點，初次體驗到國際馬拉松是這麼的有活力，開場非常震撼又感動，主持人非常有活力，動感的音樂讓我非常的興奮，原來馬拉松的開場音樂是這麼的有影響力，全程 42 公里

所需的能量就靠它來點燃,也讓我開始注意每場馬拉松的音樂設計。

　　賽道上,有些人攜著不同顏色的氣球,有數字標在上面,他們就是配速員 (Pacer),在台灣又叫做兔子。他們以專業的配速,均速的跑著,每個跑者可依自身實力,來選擇適合自己的速度與時間目標的配速員,就可以在氣球上的時間內抵達終點,前提是要在自己能達成的水準條件下緊追不捨,不然跟錯了,爆掉就沒得玩了 (抽筋或配速不對,體力無法負荷會造成運動傷害)。當然很多人也有配速表,就可以照著表上所訂的時間來跑。

跑在漸漸下沉的美景中

　　起跑點是在威尼斯西方約 25 公里的一個小鎮 Stra,賽道旁邊有一條幽靜的河,河上有著水都著名的小船貢多拉 (Gondola),跑著跑著彷彿像坐在船上漂流而下,兩旁漂亮的別墅,是十八世紀時有錢有名望的威尼斯人所建造的。

馬拉松貼心小提醒

想有照片留念?可向志工爭取拍照

如果沒帶相機,可以在賽後向主辦單位的官方照片網站購賣相片,但官方攝影的照片費用很貴,就算購買全部的照片會有優惠價,但也要花幾千塊台幣。如果你想跟主辦單位購買相片,記得在路上看到幫忙拍照的志工們時,要多爭取鏡頭拍照,這是可以主動要求的,雖然官方照片不便宜,可是拍得不錯的話,可以留下寶貴的回憶。一般在賽後 1 週左右,主辦單位就會寄出官方照片的連結,讓你先看被拍到的照片,有浮水印禁止複製,也無法下載;確認好購買的相片,線上刷卡付款後,接著就會收到下載相片的連結。

1 威尼斯右邊是潟湖
　攝影／marathonfoto.com

2 比賽前一天先到威尼斯島逛街,但水位上升導致要架行人用路橋,不然就要涉水了,下次到威尼斯要記得帶長筒雨鞋

3 因為 ASICS 是贊助商,所以在重要的賽道路段上,都有綁著寫有 ASICS 商標的標示帶,布置在威尼斯島的橋上,有種古典與現代的結合感

　　這條路線會經過 Marghera 及 Mestre 市中心，通過 San Giuliano 公園後，接著跑過一條將近 4 公里、又長又直的跨海大橋 Liberty Bridge，才到威尼斯。整個路線是相當平緩的，每一公里都有里程標示，且全部有管制，沿途都有熱情的加油民眾，拿著各樣的道具或大聲拍手的為選手加油。

　　最後 3 公里的景色真是令人難忘，大會為跑者特別安排賽道，跑過 14 條運河小橋，通過聖馬可廣場。但因為近年海水水平面上升，威尼斯常有淹水的困擾，所以有時還得視潮水的高低狀況，才能知道是否會穿過聖馬可廣場再跑抵終點。本來很期待這次會繞進廣場，結果沒有，有點小失望。不過位在威尼斯中心 Riva SetteMartiri 的終點，面對的瀉湖有著令人摒息的美……威尼斯古色古香的彩色建築，像是漂浮在水面上，有種堅定與柔軟的意象。

　　其實跑馬拉松結合旅遊是一大享受，比賽前後可以規畫時間，深度的走訪威尼斯島上的每一條小巷，參觀博物館、聽音樂會。這也是我跑國外馬拉松的目的，讓旅遊、馬拉松、美食和音樂豐富的結合在一起。

威尼斯馬拉松相關資訊

時間：每年 10 月

氣溫：攝氏 7 ～ 15 度

報名費：外國人 / 非居住在義大利者 64 歐元

報名時間：12 ～ 9 月 (額滿截止)

人數上限：8,000 人

組別：只有馬拉松

賽前展覽會場：有

健康證明：必要 (官方格式，報到時交)

獎金：有

起跑時間：約 09:20

時間限制：6 小時

補給站：每五公里，從 5k 開始

起跑點：Villa Pisani

終點：Venice - Riva SetteMartiri

歷史成績：有

補給站：有

配速員：有

官網：www.venicemarathon.it/index.php/en

我的旅程安排

預估旅費：NT$7 ～ 10 萬 (依住宿的飯店等級不同而異)

行程安排：5 天 3 夜

航空公司：華航台北到羅馬再轉機或搭火車

住宿花費：四星飯店一晚約 NT$8,000，青年旅館一晚約 NT$1,000

交通花費：機票約 NT$50,000(可累積哩程)，常出國的建議購買可累積哩程的，有的不能累積比較便宜。搭火車注意票要蓋日期 (Validate)

我的圓夢小札

跑友陪伴，一起抵達終點

這一次的馬拉松並沒有練習夠，跑到一半的時候就有種跑不下去的念頭。努力的跟著 6 小時的配速員，到了 25 公里處再也跟不上時，遇到一個好心的阿伯説：「一起走吧，可以走完的！」就這樣，後半段的馬拉松我們邊走邊聊的，一起抵達了終點。

第一次覺得跑馬有伴真的比較容易完成，彼此鼓勵，聊天讓心情放輕鬆，很有趣也很享受，若遇到幽默的跑友讓人開懷大笑，也可以忽略一些些體力上的疲勞與腳的痠痛，就不會一直跑出想放棄的念頭。因著這樣被幫助的經驗，讓我很感謝在跑道上那些熱心伸出援手的人。

跑在巴黎

跑過最浪漫的 42.195 公里

完成時間：
05 38

THE SCHNEIDER ELECTRIC MARATHON DE PARIS

浪漫的巴黎我來了
有多少人夢想是一生中有機會來到浪漫之都巴黎一遊，
我何等幸運能來到這裡，用雙腳從香榭麗舍大道開始體驗最浪漫的路程。

巴黎的交通很方便，從機場直接搭火
車再換地鐵到 Porte De Versailles 站，EXPO 展
場就在旁邊。進會場前，門口有宣導處鼓勵跑友
花 15 分鐘學習急救，這真是聰明的點子，也讓更多
人了解萬一真的有意外發生時，如何緊急處理。進到
展場報到時，要先交健檢報告──巴黎馬一定要交健
檢報告才能領號碼布。

逛逛展場你會發掘到各種創意

我都會花點時間認真地逛展覽場 (EXPO) 的攤
位，這裡通常會有運動用品、衣服、水壺、機能襪、
能量棒、能量飲料、保健貼布、背包、他國馬拉松
賽事的介紹資訊，有時我會好奇的問店員一些問題，
增加自己的馬拉松周邊常識。巴黎馬的 EXPO 很特
別，有超過 20 個的其他馬拉松在此設攤吸引跑者
報名參加，因為巴黎馬拉松有來自於 140 個國家的
跑者，參加人數超過 4 萬人次，因此可以推估在此
設攤位所帶來的效益 ROI(Return on Investment)、曝
光度是很高的。

參觀展場，我通常有幾個目標：拿紀念品、看
有什麼特別不一樣的創意點子。像這次的第一個攤
位，推廣的是贊助廠商的環保無碳節能觀念，可以
在攤位登記試開純電力發電的 Nissan 汽車，也可以
透過操作運動器材來看產生了多少電，結束後還可
以拿水壺跟反光條。最吸引我的攤位是一個小島舉
辦的葡萄半馬，島上氣候宜人，可以度假，又可跑
在島上的葡萄園路線上，品嚐葡萄酒，然後在沙灘
上休息……真是令人嚮往。

美麗的香榭大道是我們的起點

　　一如往常，賽前兩小時我就起來吃東西，準備搭地鐵前往香榭大道起跑點。從住的青年旅館到那邊約 20 分鐘，算是很方便。

　　一到地鐵站就看到一身勁裝的跑者們，馬上感受到一股電流湧入心頭，走出地鐵看到偌大的香榭大道上已經有跑者聚集。首要的民生問題就是廁所，結果集合區內的廁所只有一個，一排就是一個小時，真是誇張。但在美麗的香榭大道上廁所還是頭一遭，只好邊排隊邊欣賞風景與人潮。此時可以感受到住在香榭大道旁的飯店最方便，不用排 1 個小時等廁所，時間到了再下來起跑區排隊就好。如果我再參

萬名牆

有創意的東西都會吸引跑者的目光，你相信在這密密麻麻的一面牆上有 4 萬個名字嗎？說實在的真的好難找啊！我找到的名字也差一個字，但這的確是一個有趣的 idea，讓大家聚集在一起，努力的在同一面牆找到自己的名字，建立第一個和其他參與者連結在一起的感受。

配速表

拿配速表 (Pacer) 除了可以自我催眠一下加強信心，跟著目標配速員的速度來跑，也能掌握好快慢速度，在時限內完成比賽。

Rice Party

Pasta Party 大部分是以義大利麵為主食，但巴黎這場比較特別是用米飯，所以建議體驗一下這兒的「Rice Party」，排隊購買人數之多，真是可觀⋯⋯詢問服務生後才知道這幾位打飯跟菜的人，都是他們公司的主管們親自來服務大家。

馬拉松小常識

幫助跑者不出局的配速員 (Pacer)

有心要完成馬拉松是成功的一半，但最重要的還是必需知道自己的實力在哪裡。要能順利在時間內完成的最保險方法，就是依自己的目標時間跟著背配速標誌的跑者。一開始他們會帶著標有時間的氣球讓跑者可以清楚看到，但幾公里後就會拿掉氣球，只背個小旗子 (上面有時間)。

跟著配速志工好處多多，還可以幫忙擋風。如果因為上廁所錯過了也沒關係，跑快一點追上或者是調整目標就好囉！換句話說就是要一開始跟比較快一點的，但也別太快，萬一體力爆掉就沒得玩了，可能會很痛苦的完成或是上收容車。

加的話，會考慮訂香榭大道旁邊的飯店。

　　大會還特地在不同的集合區安排教練帶暖身操，場面之盛大可見一斑；還有慈善團體穿著他們特別的隊服一起同跑。起跑後一路上的加油團與樂團表演真的很精彩，連消防隊都加入行列，用雲梯車懸掛加油旗幟，消防隊員站一旁打氣鼓勵，真是特別；讓人不知不覺就到了 5 公里的拱門。看看時鐘，快 9 點了，太陽公公也出來了，雖然氣溫低，但感覺很舒服，而主辦單位發的輕便雨衣很好用也保暖。

沿途設有能量補給站，補給品好健康

　　一般的馬拉松都是在 5 公里以後才有水跟食物的補給，巴黎馬拉松從 5K 開始每 5 公里有水、柳橙、葡萄乾、香蕉、葡萄糖，在 33 公里有運動飲料。然而，台灣的馬拉松賽事如果是民間社團辦的，通常補給都超級的好，讓跑友常常津津樂道，補給超好的賽事通常也是秒殺。

馬拉松小常識

比賽中吃喝補給有祕訣

跑馬拉松最重要的是水分跟電解質的補給，賽前半小時補充水分或運動飲料，跑之前上個廁所，才不會一開始就想上廁所。只要有水站就喝一杯，有運動飲料也要喝，20 公里之後就要開始補充能量，不要等到餓了再吃。如果事先知道該賽事補給不好，那就要自己事先準備。

1 回到青年旅館，整理我的戰利品，真是有成就感
2 路旁的綠色啦啦隊
3 斯德哥爾摩馬拉松的配速員
4 終於看到運動飲料了，這是唯一的運動飲料補給站
5 10K補給

一條跑馬線，覽遍巴黎風光

這趟馬拉松讓我用最棒的方式體驗巴黎，雙腳起跑由香榭大道出發，跑過大皇宮、協和廣場、巴士底廣場、聖母院、奧賽博物館及艾菲爾鐵塔等著名景點。留下一路的浪漫回憶迴繞在腦海裡。

1 終點的這杯酒特別好喝
　好友 Shuyu 特地跟先生從德國飛來法國度假兼幫我加油
2 跑者奔馳於塞納河旁
3 經過文森城堡
4 塞納河
5 巴士底廣場
6 巴黎鐵塔
7 比賽的終點在凱旋門旁邊，在此拍照證明凱旋歸來
8 移動的巴黎鐵塔，周圍都有陪跑者拉起防護圈保護其他跑者
9 這個可愛的團體像是酒莊的人，一起推著一個葡萄酒桶跑
10 熱情活潑的啦啦隊

巴黎馬拉松相關資訊

時間：每年 4 月

氣溫：攝氏 5 ~ 13 度

報名費：70 ~ 115 歐元，有早鳥優惠價

報名時間：10 月開始

健康證明：必要 (官方格式，報到時交)

人數上限：46,000 人，2013 年有將近 140 個國家的參賽者

組別：只有馬拉松

賽前展覽會場：有

獎金：男女冠軍的獎金各別是 5 萬歐元，前 10 名都有獎

起跑時間：殘障輪椅組 08:35，其他 08:45

時間限制：6 小時

起跑點：香榭大道 (Up Champs-Elysées)

終點：凱旋門 (Down Avenue Foch)

歷史成績記錄：有

補給站：每 5 公里，從 5k 開始

官網：www.schneiderelectricparismarathon.com/index.html

我的旅程安排

預估旅費：新台幣 7 ~ 10 萬

天數安排：5 天 3 夜

航空公司：瑞航台北經香港到蘇黎士轉機到巴黎。
(晚上出發，早上抵達，比較不會浪費時間)

住宿：巴黎 YH 青年旅館，一晚約 NT$1,500

交通花費：機票約 NT$42,400、巴黎地鐵票三日
「train/Metro/bus 3 days pass」47.5 歐元

我的圓夢小札

浪漫、行銷、服務、關心的馬拉松

浪漫的巴黎果真是吸引人潮的票房保證，從官網的設計與活動的結合，讓愛運動的跑者可以得知相關的運動與自行車的活動訊息。並結合姐妹城市一起行銷，關心跑者的安危，訓練跑者的急救能力，可以說是非常好的做法。

這次的馬拉松宛如一場豐富饗宴，以往拍拍照片後，就想要趕快跑完；然而這是我初次體會到馬拉松是一種享受，跑太快是種浪費。馬拉松是一種視覺、味覺、嗅覺、聽覺、心靈感覺的享受！

快樂的加州人，讓馬拉松成為一場大型遊戲場

完成時間：05 27

在 LA，有星光閃閃的好萊塢、麻雀變鳳凰的比佛利大道……
有多少機會，這些著名的道路會為你封路，讓你盡情的跑？
享受吧！在這個勇於做夢的城市，我圓了第 30 馬的夢

LA Marathon

1 LA 馬拉松展場之牆

參加過許多的國外馬拉松賽事，對 LA 馬拉松有所期待是因為它在某個層面上跟我的書有關。當我 1999 年在 LA 求學進修英文的時候，因為有同學在替好萊塢的著名導演工作，進而得知在這個圈子要成名可以是一夕之間的事，也可能一輩子都沒有機會；有可能昨天流浪街頭，明天就變成大明星。所有的虛榮華貴都不能保證一輩子，但還是吸引了為藝術、為夢想而來這裡圓夢的追夢人。我的 40 馬夢想，在經過這場第 30 馬之後就快達成了；因此，這是我圓夢里程裡重要的一站，跟好萊塢與比佛利大道沾個光。

吃喝玩樂，致力五感娛樂的展場

第一次參加美國的 42 公里馬拉松賽事，報到後領取號碼布、紀念 T-Shirt，衣服的質料很好。走進展場的第一面牆就吸引了我，因為每個我參加過的國際馬拉松都有一面具有特色的牆讓跑者拍照留念。這裡的展場牆感覺小了一點，也比較沒有什麼特別之處。接著到亞瑟士攤位，看到他們提供客制化的貼心服務，以 20 美金的價格把我的號碼名字以及第 30 馬的字樣，印在紀念 T-Shirt 上，真是超開心的。

我認真的參觀賽前博覽會，有各式各樣的廠商在此設攤。像是運動衣服、跑鞋、水袋、能量補充食品、防護貼布、冠名贊助商的紀念品、其他國家賽事的推廣攤位等等，琳琅滿目。最特別的是試吃品特別多，而且不怕你吃。還有專業的跑步講座時間，讓跑友能從專業跑者的身上學習。

2 將自己的號碼印在紀念 T-shirt 上，而且還可以加名字、註明是第幾場馬拉松

3 有時主辦單位會把配速志工相片跟配速帶放在一起，一方面讓選手可以先認識一下，不過並非每一場都有這樣貼心的配速員安排。配速帶的配戴方式是繞在手腕貼住。韌性很強所以不容易脫落，但不要太鬆會滑掉

　　主辦單位邀請了美國奧運的馬拉松紀錄保持人,也是亞瑟士的代言人 Deena Kastor,跟跑友交流分享。在 Deena 的身上我學到那種付諸行動、不放棄、不向命運低頭的毅力。當她受傷無法直接在跑步機上練習時,便透過水底跑步機練跑的方式,減輕體重對膝蓋的衝擊,因此帶給她意外的收穫,大大的提昇了她的跑步耐力,並獲得奧運的銅牌。在她的網站上她說到:「對於馬拉松這個運動,你要有一點夢想,如果你一直停留在舒適圈,那你永遠不可能創造不凡的成就!」她的故事讓我體會到,塞翁失馬焉知非福,每一件事情的發生,都一定有特別的用意,不要放棄,不要失望。

4 大會邀請到美國奧運的馬拉松紀錄保持人 Deena,簽海報送跑友並合照

5 4 小時的配速員

6 物理治療的 KT TAPE,用貼布 Hold 住肌肉群,讓你跑得更輕鬆,更快速,並可以預防抽筋,一卷要價約 20 美元。我買了一個也順便免費體驗,學學怎麼貼。這位美女店長還細心的替男士們除腿毛後再貼

　　LA 展場之大，竟然要花將近三個小時才體驗得完，當然是指有試吃、試聞、試用、問答、聽講座，一點也沒有走馬看花。這是一個致力五感行銷、專業、愛吃，又娛樂性十足的國際馬拉松博覽會，也真是讓我大開眼界，體驗了一場豐富又有收穫的展場知識之旅。

在逐夢之城裡，大膽挑戰 4 小時完跑目標

　　有夢最美！為了迎接我的第 30 個馬拉松，我想大膽的做一個夢，挑戰自己能否在 4 小時內完成 LA 馬。

　　比賽當天一早搭接駁車從聖塔摩尼卡

(Santa Monica) 到道奇球場的起跑點。我因著有加入慈善路跑團體，所以可以到道奇球場的貴賓室休息，等起跑時間到了再下去集合。

　　這是我第一次遇到在起跑前提供食物給跑者的賽事，覺得大會很貼心。這樣可以確保沒吃早餐的人都有機會吃了再跑。但最好還是要一個半小時前就要吃比較好，預留時間消化，跑的時候才不會不舒服。

　　時間越來越接近起跑了，趕緊來到我的起跑區，看到一個 4 小時的配速員，很開心的跟他打了個招呼。我想我可以

7 不同口味的 Energy Drink，是在跑前或跑步過程中能有效補充跟提升動力的運動飲料
8 依預定完成時間區分的起跑區
9 官方提供的賽前補給，頭一遭！
10 日本太鼓加油團。幾乎每一英哩就有一個加油啦啦隊，各式各樣不同的團體，讓我的心情非常的開心，跑得也特別的輕鬆呢

試看看，不管如何，不行再調
回時間內的完賽目標。我就這樣
緊緊的跟著 4 小時的配速員大約 2 小
時後，開始上氣不接下氣，突然大腿好
像要抽筋了，只好放棄了追求 4 小時的目
標。因為如果腿抽筋了，就可能無法完賽
了。

記得有位長跑名將說過，馬拉松是沒
辦法臨時抱佛腳的。我相信！所以也要奉
勸所有的跑友，一定要做好萬全的準備才
可挑戰新的目標。

放慢速度後，我調整自己的心情，轉
換個念頭，開始欣賞賽道上的人事物，多
拍照。我肩上的小天使說，盡情的享受與
拍照吧，留下美好的回憶當成第 30 馬的
紀念品！

馬拉松小常識

慈善路跑團體

之前有參加北京馬慈善團體的經驗 (見 P100)，這次
我也想看看美國有什麼不一樣？我發現這裡若想加入
為慈善而跑的團體，大部分都必須成為募款志工，替
慈善單位募到指定的金額。慈善團體會非常清楚的說
明募款目的和幫助的單位，以及募款的小技巧。特別
要注意的是，有些會要求信用卡資料擔保，假如沒有
募到最低標準，例如 500 美金的話，就會從信用卡扣
款。但有些團體沒募到指定金額也不會這樣做。
加入慈善路跑團體的好處是，可以在賽前到道奇球場
的 VIP 室休息，跟其他選手交流，慈善單位也會準備
一些飲食，享受一點的特別待遇。慈善路跑團體的辨
識方式就是號碼布上的金色貼紙。對我來說最重要的
意義是，這群人都是為了一個共同的理想，透過路跑
的熱情來募款做公益，這可說是偉大的胸襟。
LA 馬的主辦單位對年年參加的慈善機構 Legacy Runner
有很大肯定，不只官方網站有社群，在起跑的時候也
排在最前面，主辦單位還特別——唱名。

11 比佛利大道上的精典畫面：輪椅組的伙伴在上坡路段，辛苦的用雙
　　手奮力的推著輪子，有種想推他一把的念頭
12 印地安式加油
13 熱情的加油啦啦隊
14 熱心的幫跑友擦肌樂，緩和痠痛
15 比佛利大道上的跑者。有多少個機會，這個有名的道路會為你封路，
　　讓你盡情的跑？享受吧！

我的圓夢小札

舊地重遊 LA，回想我的美國夢

人生有幾個 10 年？有幾個 40 歲？10 年前的我，為了一個夢想來到美國進修，10 年後我為了另一個夢想與當初的寄宿家庭再次相遇。路是用夢想鋪出來的。

雖然有些人說 LA 沒文化、過於物質主義，因為她的歷史短。然而她卻是每一個追夢人嚮往的地方；冀望抓到時機，可以從麻雀變鳳凰……但也可能從天堂落入地獄。很多藝人戲劇化的人生也是從此開始的。一趟 LA Downtown 的旅遊，讓人有不同的體會與學習。

16 現代藝術館 MOCA

17 與 1999 年求學進修英文的寄宿家庭 Mr. & Mrs. Adams 合影留念，Dottie 手上是她剛出版的書

18 Santa Monica 是一個漂亮的海邊城市，非常適合度假。1999 年來此上語言學校，十多年過了，再回來舊地重遊的感觸，是滿滿的感恩

洛杉磯馬拉松相關資訊

時間：每年 3 月
氣溫：攝氏 21 度
報名費：全馬 US$145 ～ 185
報名時間：10 月
人數上限：約 50,000 人
組別：輪椅組、全馬
賽前展覽會場：有
獎金：有
完成獎牌：有
起跑時間：約 07:30
時間限制：6 小時
起跑點：Dodger Stadium
終點：Santa Monica
路線圖：有
歷史成績記錄：有
補給站：約每英哩有水站，還有能量補給約每 2 英哩
配速員：有

報名官網：lamarathon.com/runner-info/register
賽後照片：購買全部 CD 約 US$85，但前提是要夠多的照片才划算。如果只要一張電子檔紀念，要價約 US$35 元
備註：要提醒的大概就只有一項，千萬別在當天跑完就要趕飛機，因為人潮太多，交通大亂、大塞車，延誤時間可能達 3 ～ 4 小時，如果班機時間太接近，有可能就會錯過

我的旅程安排

預估旅費：NT$70,000
行程安排：5 天 3 夜
住宿花費：飯店一晚約 NT$5,000
航空公司：長榮、華航、或是中國國際航空
交通花費：約 NT$45,000(機票加機場往返的 Shuttle Bus 車資)。機場往返可以找共乘小型巴士比較便宜。雖然比公車貴但可免去換車的麻煩

夢想能夠跑過舊金山大橋

S a n

Francisco

Marathon

舊金山街道高高低低又陡，不好跑，
但我喜歡能跑過舊金山大橋的意像感。
連續兩次都報名，就知道我有多想參加，
可惜每次都因故未能如期參與，真是人在江湖身不由己……

舊金山馬拉松是 USATF 認證的賽事，其完賽成績也是波士頓馬拉松承認的。當初想來參加這場比賽，主要是想看看能否有機會可以報名波士頓馬拉松。然而連續兩年報名都因故無法參加比賽，十分可惜！

　　2013 年的舊金山馬拉松，我雖因故沒能參加，但還是把握時間參觀了 EXPO，對我而言參加國外比賽時，看賽前的 EXPO 其實跟跑馬拉松一樣重要，因為在展場裡通常可以看到每個賽事的獨特之處，例如風俗、民情、跑者在乎的飲食、主辦單位安排的展示內容流程等等。

　　來到舊金山馬拉松的展覽會場，規模確實比 LA 馬小很多，因為報名的人數比較少，但我看到了舊金山與洛杉磯這兩大馬拉松的連結合作。為了鼓勵跑者同時報名參與這兩大馬拉松，他們特別想出一個「LA/SF Challenge」方案，只要跑者在一年度內完成這兩個賽事，就可以向主辦單位登記，主辦單位會特別贈送一個紀念獎牌給你。

　　參觀 EXPO 是這麼有趣，在很多人眼中逛展場也許只是一件小事，但當我們看重一件事，用心觀察和參與時，常常就會從這些小事中得到很多實用資訊或靈感啟發。

　　當然旅遊觀光品嘗美食也是必要的行程，雖然無法如期參與馬拉松，但我還是自己先跑了舊金山大橋，近距離的接觸了這個偉大的工程。

在展場看見外國對馬拉松的用心

　　如果說商機來自於市場的需求，那麼身為一個跑者的我，在看了這麼多場的 EXPO 後，我認為商機是來自於對活動的熱情與了解，並且抱持著一顆幫助顧客成功的心，實踐於服務上。在國外的馬拉松風氣中，我特別注意到這一點，他們對於完成一個馬拉松，抱著重視的態度，因而發展出許多跟馬拉松有關的周邊服務與產品。在舊金山的展場裡，透過一些攤位，同樣也可以看到這樣的精神與特色。

2013 年完成了 LA 馬拉松，接著報名舊金山馬拉松賽事時，只要註明在一個年度內參加完成這兩個賽事，就可額外獲得這個雙城挑戰紀念獎牌，主辦單位也展示出不同的完成獎牌裱框方式與價位，供選手選擇及預先訂購

訂製獎牌框

訂製一組獎牌紀念框當留念保存也是不錯的選擇，但不便宜，圖片這組就要 149 美金，約 4,500 元台幣。

能量補給

在此發現各種不同牌的水果穀類能量棒，方便跑步時隨身攜帶，比較專業一點的還會定時定公里數。另外也看到新口味與造型的餅乾。

客製化紀念衣

在馬拉松紀念 T-Shirt 上印上自己的號碼與名字，價格約 20 美金，若是另買衣服則有不同價格。這是很棒的留念。

配速小物

半馬也有配速表，真是很貼心。全馬當然也是有提供各個不同目標時間的配速表，還可以買橡膠材質的配速圈，很方便！

透過運動心理諮詢，幫助跑者克服困難

在展場有個 John F. Kennedy University 的運動心理專案攤位，提供非常有用的資訊幫助跑者完成馬拉松。也透過線上問卷的方式，蒐集跑者對於馬拉松的感想與回饋。攤位上擺了很多的小貼紙及卡片，還有蘋果綠的絲帶。「Take one give one」你可以留下一句鼓勵的話，也可以拿走一張別人已經寫好的鼓勵卡片，這是一個很棒的作法。有時候「給予」的力量是很大的，當我們鼓勵別人的同時，我們也激勵了自己。

於是好奇之下，我便詢問服務人員這些卡片是做什麼用的。她們用專業的對話來了解我的目標與挑戰需用什麼方式克服困難，再利用這些小卡片上的指引來幫助我順利完成賽事。於是她拿了一張卡片，上頭有個關鍵字，代表遇到的瓶頸，而背面則可讓自己填入鼓勵、激勵自己的話語，這樣簡單的 SOP 真的很棒。最後她拿起一條蘋果綠的絲帶繫在我手上，告訴我這與明天終點線的顏色一樣，並預祝我順利完成比賽。從一個小地方就可以知道她們重視跑者，知道跑者都需要被鼓勵，這也是設立這個攤位的價值與意義。

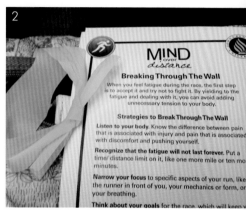

1 寫一張鼓勵別人的話，並拿走一張別人留下的鼓勵話語

2 選手可以看看自己現在跑步時遇到的瓶頸與挑戰是什麼，挑一張主旨貼近的說明卡，上面教導了克服的步驟與技巧，目的就是要讓選手順利完賽，並克服現況與心理的挑戰

3 Faultline 啤酒廠是位於舊金山南部的 Sunnyvale 附近，很多矽谷公司的員工與訪客都喜歡來此用餐。啤酒口感好，非常好喝。沒能去 NAPA 葡萄園品酒，就來品啤酒吧

4 在 FAZ 餐廳可以吃到很多不同口味的料理，我最愛的是前菜薄餅沾橄欖油醋。主菜每一道都是超級大盤

舊金山馬拉松相關資訊

時間：7 月

氣溫：約攝氏 13 度

報名費：全馬 US$115 ～ 175(早鳥～一般)

報名時間：早鳥 7 月，一般 10 月

人數上限：N/A

組別：5K、21K、42K、超馬

獎金：有

完成獎牌：有

起跑時間：約 05:30 ～ 06:45

時間限制：馬拉松 6 小時

起跑點：the Embarcadero(near the Ferry Building)

終點：同上

路線圖：www.thesfmarathon.com/the-race/course-maps

歷史成績：有

補給站：有

配速員：有

賽前展覽會場：有

報名官網：www.thesfmarathon.com

我的圓夢小札

我也想成為一個馬拉松教練

跑者對每一場馬拉松重視的態度，會因路線的難易度而有所差異，似乎難度越高的越會看重而花心思準備，但舉辦一場好的馬拉松不只是挑戰度的問題，國外的馬拉松主辦單位所提供的馬拉松資料都很豐富，謹慎態度確實有值得學習的地方，讓我有了很棒的啟發——我也想要成為馬拉松教練與馬拉松旅遊諮詢專家，為跑者提供一些專業的服務。

我的旅程安排

預估旅費：NT$75,000 ～ 85,000

行程安排：6 天 4 夜

住宿花費：YH 青年旅館 4 晚共約 NT$6,000

交通花費：機票加交通約 NT$56,000

跑在芝加哥

在世界六大馬拉松賽中
和人分享台灣的美好

完成時間：`05:55`

Chicago
Marathon

Water Tower Place

Life is better when we are connected.
因馬拉松而連結，生命因此更為美好

拍攝／林家正 (Jack Lin)

芝加哥馬拉松於 1977 年起開始舉辦，由於報名人數眾多，主辦單位以抽籤方式決定參賽資格。這跟其它四個知名馬拉松賽事一樣要抽籤（東京、紐約、倫敦、柏林），只有波士頓馬拉松是依照個人的成績來決定報名資格，因此跑友們都說能參加芝加哥、東京、紐約、倫敦、柏林的馬拉松是很幸運的，而能參加波士頓馬拉松則表示跑得很快。

攝影／ marathonfoto.com

創造集體情感的大規模賽事

芝加哥馬拉松賽前展覽館 EXPO 的精心規畫，以及促進與所有跑者間的連結活動設計更是令人眼睛為之亮，有大型賽事所要創造的那種集體情感——Life is better when we are connected，生命因為我們的連結而更美好。

芝加哥不愧是世界知名的建築城市，展場裡有一面磁鐵牆，用小磁鐵拼出芝加哥所有著名的建築物。跑者可以把磁鐵取下，在牆上留下名字或祝福的話語，而磁鐵可以帶回去作紀念。幾萬片的磁鐵，將幾萬個未曾相識的跑者，在共同起跑之前連結起來了。除了磁鐵牆，還有一個激勵加油站（Motivation

1 磁鐵牆
2 激勵加油站
3 可愛的小朋友在激勵加油站認真的寫下加油的標語「Run, Dario」
4 4 萬多人的場面真是壯觀，往前往後看都看不人潮的盡頭
5 我最喜愛的狗與我的馬拉松

Station)，有跑友家人、小孩在此作畫，寫下鼓勵的話
語給參賽親人。

　　另外展場還有一面芝加哥 (CHICAGO) 大型看板，
跑友們可以簽名或寫上祝福話語。比賽當天，這個大
型看板居然搬上了賽道終點前約 1 公里處，這真是很
有創意又貼心的構想，好像是許自己一個未來，然後
就在賽道上實現了自己的願望。

　　比賽當天起跑區的秩序良好，氣氛熱情，主持人
感謝贊助單位與志工們的付出成就一場賽事的偉大，
並宣布跑者丟在賽道上的衣服將會捐給慈善單位。
比賽沿途的補給充足，也有吃不完的能量包 (Power
Gel,Power Bar)。TCS(TATA consultancy service) 是這個
賽事的贊助商，TATA 積極的參與馬拉松賽事，為該公
司獲得了非常大的廣告效益。以我參加過的賽事來說，
只要有 TATA，賽事在軟體方面的品質都很好。

　　也許是參加過很多的國外賽事，對我來說，這場
賽事最大的亮點，還是在於創造跑者的感動。除了大
型 CHICAGO 字板出現在賽道終點前的驚喜，賽後在
Grand Park 也提供跑者與家屬親友能相聚聊天休息的
好地方，畢竟完成一場馬拉松是無比的榮耀，不管是
想自己獨享這時光，還是想跟好友分享賽後心情、聽
聽音樂，這兩種需求主辦單位都照顧到了。

我的圓夢小札

在國際賽事裡擔任台灣馬拉松大使

芝加哥青年旅館為住在這裡的跑者，免費準備了一頓豐富的賽前義大利麵晚餐 (Pasta Dinner)。我住在青年旅館的這幾天，每晚都跟外國朋友介紹台灣，以及新竹鎮西堡超馬賽事，並請他們在旗幟上簽名留念。然後這面跟著我飄洋過海的 2014 鎮西堡超馬旗幟，也來到芝加哥馬拉松賽道的起點上。比賽那天的美麗清晨，來自世界各地的跑友們齊聚一堂，心裡想的事也許都不一樣，但我們的目標都只有一個就是順利抵達終點，而我有這面旗幟陪著我，心裡滿是溫暖與感動。

大約在終點前 200 公尺，這面有各國好友簽名祝福的 2014.2.23 鎮西堡超馬旗幟，飄揚在芝加哥馬拉松的終點跑道上，讓旁邊的跑友與志工都給了我鼓勵與掌聲。台灣雖小，但對馬拉松的熱情與投入不輸給任何一個國家，每當請一個外國友人簽名，就多一個人知道台灣的新竹有一個很棒的超馬賽事，知道台灣是個美麗的國家，是個跑步風氣盛行的國度……不管他們有沒有來跑台灣的馬拉松，但相信他們都能感受到我們對馬拉松的重視。

人生有了使命，就會活得更有意義與精彩──我除了參與了一場世界馬拉松的盛會，也努力地行銷了台灣的馬拉松賽事。

7 小朋友將 Prazzle 用繩子串起來送給跑友吃，第一次看到這樣串 Prazzle，以後也許可以串一串掛在脖子
　上慢慢吃了

8 第一次拿到這樣串起來的 Prazzle，好可愛

9 終點前最後一個樂團表演，主唱也親切的與跑者互動，加油打氣

10 微風吹著飄起的保暖錫箔紙，有種凱旋歸來的英雄感

11 芝加哥當地的啤酒廠在終點提供給完賽的跑友，好喝

12 和世界各地的跑友們交流

13 賽前一晚，豐富的義大利麵晚餐

芝加哥馬拉松相關資訊

時間：每年 10 月

氣溫：攝氏 8 ～ 18 度

報名費：外國人 US$200

報名時間：12 月～ 9 月

人數上限：約 45,000 人

組別：只有馬拉松

賽前展覽會場：有

獎金：有

完成獎牌：有，成績單可在賽後在網站上下載

紀念 T-shirt：報到時領，必須本人報到

起跑時間：07:30

時間限制：6 小時 30 分

起終點：Grant Park

歷史成績記錄：www.chicagomarathon.com/participant-information/race-results

補給站：有

配速員：有

官網：www.chicagomarathon.com

我的旅程安排

預估旅費：新台幣 8 ～ 10 萬

行程安排：10/8 ～ 10/16，9 天 6 夜

航空公司：長榮＋ UA

飯店：青年旅館一晚約 NT$1,200 ～ 1,800

交通花費：機票含地鐵約 NT$56,000。一天的 CTA 地鐵 Pass 約 US$10，三天約 US$28

Asia

RUN 2

東京｜曼谷｜耶路撒冷｜杜拜｜北京

亞洲的馬拉松精神

亞洲的馬拉松充滿了濃厚的當地色彩，
泰國鄉間水上混搭越野賽、杜拜和耶路撒冷的中東風情、
東京變裝跑，讓你體驗亞熱帶的百變風華。

大和民族最親切熱情的動員

沿途超過170萬的加油人潮，
動員志工人數龐大，
出人、出力、出掌聲、歌聲，
也出吃的⋯⋯
是吸引跑者參加這場馬拉松
嘉年華最大的原因之一！

東京馬拉松自 2007 年第一次舉辦，在 2013 年已列入世界馬拉松的六大賽事之一。活動報名人數超過 30 萬人，僅 3 萬 6 千位的幸運跑者能抽中參加。活動動員的志工人數龐大，有將近 1 萬名的志工，沿途還有超過 170 萬的加油人潮，出人、出力、出掌聲、歌聲，也出吃的⋯⋯是吸引跑者參加這場馬拉松嘉年華最大的原因之一。參加東京馬拉松有三大重點：參觀 EXPO、參加賽前一天的 5K 友誼跑、比賽當天沿路的表演與官方跟民眾提供的補給。

攝影／All Sports Community

▼ 賽道上偶爾可以看到開花的櫻花樹，馬拉松旅程中我也有安排到公園去看櫻花或梅花

Expo 展場裡可以玩許多小活動

報到手續在 Tokyo Big Sight 的東京國際展示場，領取號碼布、晶片、紀念 T-Shirt。從報到入口志工指引到號碼牌的窗口領取。由於人數眾多，可以看到同一窗口的志工分工相當細膩，核對，取件到交付給選手，全程讓我看到了日本人嚴謹的態度加上對跑者的親切態度。

領完資料後路線就引導到馬拉松展覽館，展場裡有創意的路線圖展示牆，把沿途會經過的景點，用相片貼出來，讓跑者在會場就可以先快速的瀏覽賽道上沿途的風貌，除了靜態照片牆，也有科技化的動態路線介紹。展館裡的展示種類之多，大概要花上 3 小時才能逛完。

你可以在 EXPO 體驗 3 大趣事

留下祝福的話語在加油牌上
大人小孩都在 EXPO 留下祝福的話語在加油牌上，比賽當天親友可以拿加油牌為你打氣喔！

訂制完成獎牌紀念品
跑者可以選擇自己喜歡的獎牌裱框方式來訂制。這樣可以給自己辛苦得來的獎牌一個最好的包裝與紀念。曾經看過一個跑者家中掛滿了獎牌，是一種成就感，也是一種喜悅。

無酒精啤酒免費喝到飽
Asahi 是日本有名的啤酒品牌，是大會的贊助商之一，在會場免費提供無酒精的啤酒試喝。另外比賽當天結束後，也在終點休息區提供啤酒給跑友解渴。

1 友誼跑的太鼓表演
2 搗麻糬

參加友誼跑還能體驗搗麻糬、泡湯屋

在馬拉松活動中，友誼跑是賽前一天的暖身與交流。2013 年賽前一天的 5K 友誼跑，是為了慶祝東京馬成為六大馬拉松賽事之一，特別邀請賽事代表蒞臨會場開幕，現場有精彩的太鼓表演。結束後還有各樣的文化體驗活動，如搗麻糬、太鼓表演等。接著搭主辦單位免費安排的接駁車到湯屋泡湯享受，讓肌肉放鬆迎接隔天的馬拉松賽事。

不同於其他國家的賽前友誼跑，東京馬的主辦單位很用心，多了文化、美食與休閒的體驗，友誼跑的跑者還非常認真的 Cosplay，讓跑者真正體驗了一場文化的饗宴，物超所值，非常的值回票價 (自己報名的要付錢，跟官方配合旅行社的團就不用)。

來日本，連跑馬都要 Cosplay 變裝

每年見到的志工老面孔

比賽當天，依照寄物袋的號碼找寄物卡車，寄物後用心的志工們一字排開的為趕往起跑點的跑者加油，真是訓練有素。而且沒事的志工還會為你拍手鼓掌加油。

三次參與東京馬，一樣的熱情，一樣的熱衷於賽道的每個細節，但這次我注意到了一位可愛的紳士—舉著牌子指引收容車方向的「收容車志工」。去年2012 年他也是在這裡，同樣的位子同樣的工作內容，一樣的可愛。一個活動的成功靠的不只是來參加的跑友，每一位參與活動的志工是最重要的。看到這位伯伯每次都出現在此，就知道這會是一個成功的賽事。

另外，我為何會對收容車特別印象深刻？因為以前沒聽過這個字眼。當我很累時，看到「收容車」這三個字真的笑了出來。跑不動或想放棄比賽時，就可以上收容車，但被收容的感覺一定很難過，決定上收容車之前一定有一場內心戰的角力。考驗意志力的時候到了，有多少人在這時候會放棄？有多少人咬緊牙根還是努力的把它跑完？意志力贏了？還是臣服於肉體的軟弱？

1 2012 年他在這裡
2 2013 年他也在這裡

我在這看到志工們不管補給或加油都非常地熱情，跑者也都給予感謝，這對志工就是很大的激勵。雖說付出不一定要求什麼回報，但懂得用感恩的心對志工表達感謝之意是很重要的。當跑者跟當志工是很不一樣的，台灣有很多的賽事漸漸也由跑者擔任志工，這種心情的轉換是當過志工、付出過的人才能明白的。

後來我慢慢的發現，在台灣的跑場上，我們看到跑者會主動的跟志工們說謝謝。真的很感動，一聲謝謝就給了他們一點正面的回饋，讓他們知道跑者很感謝他們的付出。也許志工們做的都是一些單調的小事，但因為有他們的互動陪伴，讓一件小事變得更有趣、更有人情味。

生命是會影響生命的，文化與習慣是可以因為一個小動作而感染他人帶來改變，進而創造一個更和諧與歡樂的氣氛。也許一個正想放棄的跑者，聽到志工的加油就重燃信心並完成比賽；人生的這台戲也是如此，上帝沒有應許天空長藍，但困難臨到時，一個意念選擇的改變，就能帶領我們往不同的結果走去。這次過了不代表下次就不再遇到，而是有更成熟的心態與更多的經驗來面對下一場挑戰，生命只是一場馬拉松的延長版。

攝影／All Sports Community

我們也為了志工的付出而跑

相較於 2012 年，今年加油人潮更多了。我感受到這場馬拉松不同之處，是大家不只是為自己跑，而且也是為了這些志工的付出而跑。在台灣，有時候跑者對志工的付出無感，也沒有感激，甚至會責怪志工，這對志工的士氣不免有所打擊，相對的當志工的意願就偏低。但為何在東京這麼多人樂於當志工、當服務者？

馬拉松貼心小提醒

一定要預留寄物時間
東京馬拉松的起跑時間雖然是在 09:10，但如果住得較遠也要注意搭車時間，不然錯過每個起跑區的關門時間，就只能在後面慢慢等開跑，有可能一等就差了將近 30 分鐘。尤其是還要趕著寄物的跑友，一定要給自己足夠的時間寄物後再走到起跑區。因為人數眾多，寄物卡車的安排也是大排長龍的。最好事前先了解一下自己的寄物卡車在哪一區，才能節省時間。

用微笑支持我們達陣的天使

我的圓夢小札

馬拉松的過程是一種堅持

當我報名亞瑟士東京馬拉松團的時候，亞瑟士為團員準備的馬拉松訓練營「42K，夢想達成」的教戰手冊裡，有專業的課表包括健康講座、選鞋知識、運動防護、專業訓練等，並邀請國家馬拉松紀錄保持人許績勝教練指導。讓對馬拉松常識一知半解的我，有了更完整的了解。

對我來說，成功的馬拉松不在乎完成時間的長短，只要在時間內堅持到底，享受穿越終點線、有人為你戴上完成獎牌、披上完賽浴巾的那一刻，就是最大的得勝者。一切的辛苦都是值得的。

攝影／All Sports Community

東京馬拉松相關資訊

時間：每年 2 月 (自 2007 起)

氣溫：平均攝氏 7 度

報名費：日幣 12,000

報名時間：8 月開始報名，10 月公告抽籤結果；參加
台灣東京馬官方旅行社辦的旅行團可保證參加名額

人數上限：全馬 35,500 人

組別：42K、10K

賽前展覽會場：有

獎金：有

完成獎牌：有

起跑時間：全馬 09:10

時間限制：7 小時

起跑點：Tokyo Metropolitan Government

終點：Tokyo Big Sight

路線圖：www.tokyo42195.org/2014en/map

歷史成績：有 tokyo42195.org/history/index.php

補給站：有

配速員：有

報名官網：www.tokyo42195.org/2014en/about

我的旅程安排

預估旅費：NT$40,000

行程安排：4 天 3 夜自由行

住宿花費：飯店 3 晚 NT$15,000，青年旅館 3 晚約
NT$6,000

交通花費：含機票約 NT$20,000。計程車很貴，盡
量使用公共交通工具，搭地鐵次數多的話建議買一
日券或多日券

跑在泰國的鄉間

跑馬 X 單車迷大愛的越野混搭賽

完成時間 06 11

I N G
Thailand
Temple
R u n

泰國馬拉松之旅結合了越野登山車 3 天 2 夜的行程，
騎車一路有補給，累了有冰涼飲料與水果可吃，
沒有路了就把腳踏車放到船上渡河過去，成為最難忘的一段記憶！

泰 國 ING Thailand Temple Run
已經停辦了，現在是渣打辦的
曼谷馬拉松。但 ING Thailand Temple run
很有特色，也是我的初馬。比賽起點是在離
曼谷市中心約 85 公里的 SamutSongkram。沿途
跑過很多的佛教寺廟、椰子樹果園、香蕉園、稻田
等鄉間特色景象。

　　在英國布萊頓 (Brighton) 就讀碩士班的期間，我
開始預備這場外國初馬。朋友建議除了跑馬拉松之
外，另外加訂了越野登山車 3 天 2 夜的行程，因此我
善用了遠從台灣帶到英國的單車，從日常開始練習。
我就讀的 Sussex University 校園周圍，以及從薩塞克斯
(Sussex) 到路易斯 (Lewis)、布萊頓海灘 (Brighton Beach)
的練習路線，讓我更深度的體驗英國鄉間小徑的美。

一輩子忘不了的初馬體驗

對很多人來說,初馬總是有說不完的體會與感動。我的初馬,跟很多人一樣很緊張,花了將近 4 個月的準備時間,並從網路上蒐集一些注意事項。如果問我最重要的是什麼?我會說從平常練習到賽前,一定要跑過半馬以上的距離,每週的練習量也一定要有 40 公里以上。這是指求順利完賽的情形下。

當我來到會場,天還很黑,現場很熱鬧,寄物、暖身、跟跑友們聊天。馬拉松的名字既然叫 Temple Run,沿途就會經過很多寺廟,路線的景致跟台灣很像。在補給站都有加油群眾與傳統樂隊演奏,為跑者加油。這一路有開心,也有痛苦,因為過了 21 公里後就跑不動了,到了 30 公里抽筋加膝蓋痛,只能快走,然後跑友說:「有時間限制哦,要加油!」就這樣被鼓勵並拉著的,以 6 小時 11 分跑走,完成 42 公里路。猶記得最慘的是穿錯運動內衣,包覆度不夠造成胸部疼痛。

5

4.5 泰國曼谷馬拉松後的單車旅行
  6 單車行程的補給,這是一般跟團的隨團補
    給車方式
  7 導遊準備的泰式中餐
  8 住在蓋在河上的房屋,隔天從 River Kwai
    河往下飄流到下一個飯店

4

泰好玩！騎車越野加河谷漂流記

　　喜歡騎單車的我，這次的馬拉松之旅結合了越野登山車3天2夜的行程。騎車一路有專屬休旅車進行補給，累了有冰涼的飲料與水果可吃，沒有路了就把腳踏車放到船上渡河過去。這是最難忘的一段記憶！導遊準備的餐點都是道地的泰式料理，晚上住的飯店也是在河邊的度假村。第2天直接從上游漂流到要住的飯店，那是又恐怖又驚喜的漂流記，因為擔心飄到漩渦處。有時旁邊飄來一塊黑黑像大便的東西，嚇得我不知往哪邊逃。但是這種穿著救生衣搭船，悠閒的漂浮在河面欣賞風景方式，真的是很享受，兩旁的樹木與鳥叫聲繚繞在山谷間。

最另類的解壓方式：帶跑馬團員瀑布沖涼

泰國 Spice Roads 的登山車套裝行程是感動行銷最佳的範例。驚喜在於旅程的最後，導遊把我們這群騎到全身筋疲力盡的探險團員，直接帶到瀑布底下沖涼，這是最感動的時刻。在那當下，沒有什麼比這更好的了！一個短短三天的行程，有好幾個令人感動的安排，這麼棒的戶外活動結合馬拉松跟單車越野，真是一個讓人永遠回味無窮的經典初體驗，自此我也成了「愛馬仕」家族的一員（喜歡跑馬拉松的人）。

9 這張沖涼的照片，代表了這趟旅程畫下了完美的句點

10 泰國曼谷馬拉松後的單車旅行

渣打曼谷馬拉松相關資訊

因 ING 馬已停辦，改提供渣打馬資訊供參考

時間：每年 11 月	路線圖：有
氣溫：平均攝氏 31 度	歷史成績：有
報名費：全馬 TBH$2,200 ~ 2,750	補給站：約每 2K
報名時間：6 月	配速員：無
人數上限：約 50,000 人	報名官網：www.bkkmarathon.com/eng
組別：5K、10K、21K、42K	配速員：有
賽前展覽會場：無	Pasta Party：有，15 歐元
獎金：有	報名官網：www.tcsamsterdammarathon.nl/en
完成獎牌：有	官方照片：www.marathonfoto.com
起跑時間：全馬 02:00	備註：可以 30 ~ 48 歐元的價格購買整組的個人照片，也
時間限制：6 小時	可以購買定點的錄影帶
起跑點：Sanam Chai Road./The Royal Grand Palace	
終點：Sanam Chai Road./The Royal Grand Palace	

英國鄉間優雅的路易斯公園 (Lewes Park)，是我週末練長跑約 26 公里路線途中的景點

我的圓夢小札

記得當時年紀小，預備初馬的時光

預備初馬的時候，正是我留職停薪在英國進修碩士學位的期間，其實這段期間的練習是很令人懷念的；一早跑在霧裡有露珠的草皮上、到鄉間自助式的購買雞蛋與花……

我堅持一定要在正式比賽前練習超過半馬以上的距離。最長的練習是從 Sussex University 跑到港口買了龍蝦回來煮，至今回想起來沿途風景仍是歷歷在目。

是 Brighton 的海邊吸引了我，是英國南方的空氣讓我用雙腳體驗了更多的鄉村風景。我的學習不只是書本。有人說，如果能用雙腳跑完一個馬拉松，那世上還有什麼事是不可能的。人的一生也就像是 42 公里的旅程濃縮版，有萬全的準備才能有完美的表現，而完美的定義是自己給的，為自己負責，永不放棄，永不投降。

感謝是上帝的手牽著我走馬拉松這條路一直到現在。

我的旅程安排

預估旅費：NT$60,000

行程安排：6 天 5 夜

住宿花費：飯店 NT$15,000/3 晚

Spice Roads 登山車套裝行程：3 天 2 夜約 NT$15,000

Spice Roads 官網：spiceroads.com/destinations/thailand

交通花費：約 NT$20,000（含機票）因為是套裝行程，所以大部份都由旅行社接送。

跑在以色列・耶路撒冷

完成時間 05:59

跑在 3000 年的神聖古都中

耶路撒冷是基督徒夢想一生能去一次的地方，因為那是神的殿堂。
也因此我選擇她成為我圓夢旅程的一站，用雙腳貼近這個神聖的土地。

Jerusalem

Marathon

我來這裡的目的是什麼？耶路撒冷是基督徒一生夢想能去一次的地方，因為那是神的殿堂、是朝聖的地方。也因此我選擇耶路撒冷馬拉松，成為我圓夢旅程的一站，想要與神有更深的連結，不只造訪這地，更要用雙腳貼近這神聖的土地。其實在這裡，最需要的是那份安靜與心靈的寧靜，可以是完全的放鬆，也可以是一連串的反思，還有自我與神的禱告對話，希望能獲得啟示性的感動、智慧與創意的靈感，讓我更明白這本馬拉松書的寫作意義與方向，以及帶給讀者什麼樣的啟發？

注重安檢，安息日不工作

這趟馬拉松之旅，從報名到落地後的交通過程，讓我覺得英文指標的普及性還是不夠。這是第一個我覺得光靠路標會迷路，而且會找不到我要去的地方的國家。但其實以色列說英文的人還算不少，只不過文字和口語的雙語化，有很大的落差。

來以色列特別要注意的是行李的打包，因為安檢非常嚴格，入出境要預留 3 小時的時間。因此一定要詳閱禁止攜帶的物品，能簡單就盡量簡單。有參賽的證明文件也要先印好，被海關問到的時候就可以讓對方清楚知道你來訪的目的。不只海關安檢嚴格，包括馬拉松展覽會場及一些古蹟入口也設有安檢關卡。

另外很特別的是，以色列的安息日，餐廳或商家大多沒有營業。安息日是猶太人每七天一次的聖日，從週五日落到週六的日落。安息日源於舊約聖經中，神花六天創造了天地萬物，第七天便休息，並祝福這日為聖日，猶太人也在這天休息，歇了一切的工作。

體驗死海漂浮及黑泥浴

　　耶路撒冷馬拉松的費用很親民，幾乎跟台灣一般的馬拉松報名費一樣，我覺得主辦單位真的是很有誠意，選手還可以免費參加賽前一晚的 Pasta Party(但眷屬需付費)。抵達以色列後，發現物價水平跟台灣差不多，而且物品的品質、質感都比較好，住宿在 YH 的青年旅館價格也便宜，乾淨且服務人員友善，早餐 CP 值高。

　　馬拉松的報名官網可以選擇主辦單位配合的旅行社，安排周邊景點的 1 ～ 2 日套裝行程。這次我加選了一天來回死海的 Tour，沿途參觀了 Masada 古蹟、著名的化妝品工廠 AHAVA。到了死海，重頭戲就是全身塗滿具有特殊美容效果的黑色泥巴，說實在的味道真的有點難聞，然後再小心翼翼的走入海中，體驗傳說中浮在死海不會下沉是什麼樣的感覺。導遊千叮嚀萬交代不要讓海水濺到眼睛裡。我是有點害怕的，因為怕水濺到眼睛會很痛。整個體驗很新奇，沖洗後感覺全身肌膚都更加細膩了呢！

1　哭牆，分男女兩邊的禱告區。每個來這裡禱告的人，在禱告後將紙條塞到哭牆的牆縫裡，為的就是希望能夠最直接的讓神知道，並帶來祝福
2　最古老的羅馬商店街遺蹟
3　耶穌遺體埋葬的地方
4　耶路撒冷的貓特別多，據說是為了抓老鼠而引進的
5　在地的餐點，非常的好吃

另外一個耶路撒冷古城一日遊，則有當地的志工導覽 (有講英文的)。在旅遊資訊網裡可以查詢導覽的集合地點。來自世界各個地方的遊客大部分是自由的聚集在舊城門口，導遊自我介紹後，我們就開始徒步參觀耶路撒冷古城，尋訪幾個重要的古蹟，也聽聽這地方感人的歷史。

哭牆，又稱西牆，是以色列的神聖地標。以色列亡國時，羅馬人摧毀了古耶路撒冷聖殿，僅遺留下這面牆。幾世紀以來，猶太人都會來這面牆哭泣祈禱。許多來這裡祈禱的人，還會把願望寫在小紙條上，塞進哭牆的隙縫內，像是寄信給上帝，希望上帝垂聽禱告。

走在耶路撒冷的街道上會發現貓咪特別多，據說是為了抓老鼠而引進的，真是愛貓者的天堂。中餐我們品嘗了在地的美味料理，開胃的前菜用很多小碟子裝，主菜是炒飯加烤肉，搭配黃瓜沙拉很爽口。

展場和 Pasta Party 是文化交流的好地方

藉小旅行體驗了當地的風俗民情後，接下來的行程，是去會場報到，參觀了各種跟跑步有關的商品攤位，這裡特別的是保健食品與維他命，都是強調有機的跟天然的。這次還遇到一位超馬跑者的簽書會，雖然是希伯來文的書，但還是買了一本當紀念。現場有講座與表演活動，只可惜說的不是英文。

看完展覽後就到飯店的 Pasta Party 場地，這次的餐點真的非常的豪華又氣派，現場有樂團的演唱與音樂演奏。開放式站立的桌位，讓選手可以自由的跟其他跑友交流。

台灣加油！Shalom (平安) ！

時間來到比賽的當天，接近 Ruppin

Street 起跑的集合區時，看到賽
道兩旁掛滿了各國的國旗，找到了
中華民國的國旗時好開心，心中湧的
那股感動讓眼眶都溼了。當然我也把國旗
別在胸前，甚至在賽道上就有人打招呼說：
台灣，加油！

今天的賽道非常的特別，看到了以往沒
看過的教會團體，沒想到他們也組隊參加馬
拉松。有從匈牙利來的年輕師母，說他們已
經連續好多年都來參加，她說這是一個很棒
的機會，在這個賽道上她都會禱告並思想耶
穌的生平、上帝的愛，感動她要把福音帶給
周遭的親友。這真是一條具有啟發性又有意
義的賽道。

另外，沿途的第二個特色是加油小狗特
別多！本想累積跟 29 種不同的狗狗拍照，
當成第 29 馬的紀念，但因時間不夠而作罷，
但我還是拍了不少與狗的合照——我是個不
折不扣的愛狗迷啊！

賽道上的補給非常的豐富，有我喜歡的
椰棗，而且還有超大顆的喔！能夠跑在這裡
好幸福啊！路上幾個可愛的以色列小朋友還
對我打招呼喊著：「Shalom！」希伯來文的
意思是你好、平安。

6 很棒的 Pasta Party 餐點
7 Pasta Party 是跑者們交流的好機會
8 雅典馬拉松主辦單位代表，拿著與耶路撒冷結
　盟致贈的獎牌。這對夫婦說如果我們帶團參
　加，他們一定接待我們，真是好親切又熱心
9 沿途補給都很棒，我最喜歡椰棗了
10 最慈祥的狗狗
11 用心打扮的加油啦啦隊

跑在充滿歷史風情的古城街道

　　一路上跑過古城區的周圍，最後抵達位於 Sacher 公園的終點。

不求速度只求完賽的最佳三人組

　　如果問我這場比賽的訓練量，我應該一週的週間只有約 50 公里，加上週末的馬拉松平均一個月有兩場。所以呢，我不是來破個人紀錄的，而是來體驗、享受賽道上每一步路所遇到的人、事、物與歷史，並在時間內完成。

　　途中我遇到了一位來自法國波爾多紅酒馬拉松的女跑友跑初馬，還有另一位來自德國的女選手也是跑初馬，我們彼此認識後就跑在一起，一路上聊天欣賞風景，不求速度只求完賽。後來我們也成了臉書好友。

12 看來像是馬拉松健將的志工為選手掛上獎牌
13 這位女士説她已完成了 372 個馬拉松
14 德、法、台最佳三人組。這一馬跟兩位初馬跑者一起跑，一位來自德國，一位來自法國，聊天跑步好開心。跑完後氣溫有點低，主辦單位就發錫箔紙保暖用，我覺得很方便

耶路撒冷馬拉松資訊

時間：每年 3 月 (自 2011 起)

氣溫：平均攝氏 15 度

報名費：馬拉松約 US$60

報名時間：約 10 月

人數上限：N/A

組別：42K、21K、10K、4.2K、800m

獎金：有

補給站：有

配速員：有

賽前展覽會場：有

開始跑時間：全馬 07:00

平均氣溫：平均攝氏 15 度

時間限制：馬拉松 6.5 小時

起跑點：Ruppin Blvd

終點：Sacher Park

完成獎牌：有

歷史成績記錄：有

路線圖：有

報名官網：www.jerusalem-marathon.com

我的旅程安排

預估旅費：NT$70,000 ～ 80,000

行程安排：4 天 3 夜

航空公司：以色列航空或土耳其航空，土耳其航空可以買到比較便宜的機票

住宿花費：青年旅館一晚約 NT$1,500

交通花費：機票加交通約 NT$55,000。機場與耶路撒冷間的來回，可選擇共乘的中巴比較便宜，而且可以直接送到目的地的飯店附近

我的圓夢小札

知性又具靈性啟迪的馬拉松之旅

聖經裡說，牧羊人若是有一隻羊迷失，也必把牠找回。來到耶路撒冷聖城，有種回家的感覺，是一種安心，我像是迷途羔羊，聖經裡說：「你們尋求就必尋著」，我希望能夠從心尋回我來這個世界的使命是什麼？

另外，以色列人的生命力深深的影響我，擁有從 0 到 1，從無到有的創新能力。在極度缺乏天然資源的環境下，他們有著把不可能的事轉化為可能的毅力與執著，我們珍惜所擁有的同時，也要向他們學習這樣開創的精神。

最多金的馬拉松
中東沙漠裡的奢豪

完成時間：
05 13

D u b e i

m a r a t h o n

杜拜這個地方真是特別，沒有什麼天然資源，
卻在沙漠中打造出一座座的豪華建築，
在這裡，你可以看到全世界最高聳的杜拜塔，吃到帆船飯店的高級餐點，
然而在這世界的最高點，我也看見了自然保育的重要⋯⋯

因為友人在此工作的緣故，又剛好靠近農曆年節假期，我就安排了這趟馬拉松行程，來體驗一下阿拉伯國家辦的馬拉松有什麼新奇的地方。

杜拜馬拉松提供的獎金，高於波士頓馬拉松，因而打響了國際知名度，也吸引了國際上的優秀選手來參加這場賽事。杜拜馬的賽道平坦好跑，也讓很多選手創造出了很好的成績。比賽除了全程馬拉松組之外，還有 10K 和 3K 組，起點和終點都位在杜拜的市中心 Pavilion，身旁就是高聳的杜拜塔 (哈里發塔)，路線經過杜拜最繁榮的商業區後回到 Pavilion。比賽在每一年的一月中旬舉辦。

來阿拉伯聯合大公國 (UAE) 旅遊比較麻煩的就是簽證，必須由當地的人幫忙申請當保證人，付押金後才能順利核發簽證。

賽前報到的展覽會場很小，然而資訊提供的規格是非常的詳細與精緻。感覺參賽者以外國人居多，結果一問之下有很多人都是外派來這兒工作的，他們說當地人是不用工作的，所以都是靠外勞。杜拜這個地方真是特別，沒有什麼天然資源，卻在沙漠中打造出一座座的豪華建築，還有辦法一直吸引外資進來投資，是我這樣的平凡老百姓無法理解的。一切的虛華好像一轉眼就會成空。

為了傳達保育信息，負重 45 公斤道具

第一次感受到在馬拉松的賽道上有熱衷於環保的團體，為了向大家推廣保育動物的觀念，輪流背著快 40 公斤重的犀牛道具跑完全程馬拉松；這場馬拉松成了他們宣傳保育的一個平台，這真是非常有意義的行動！讓買犀牛角的人、捕捉的獵人知道這世界上有很多人在乎瀕臨絕種的動物。

這隻犀牛啟發我馬拉松可以不只是一場比賽，它讓身為跑者的我，開始思考如何透過馬拉松活動來創造更有意義的宣傳，讓參與者或是在一旁加油的觀眾、親友看到。有曝光就能夠產生效果。

杜拜打造的旅遊奇蹟

　　我們開車從阿布達比 (Abu Dhabi)
到 Bab el Shams 一日遊的路上，看到兩旁
有很多的駱駝，有些地方會圍上籬笆防止駱
駝穿越馬路。到沙漠的綠洲飯店午餐時，一進入
就招待特別的咖啡跟椰棗。我也是來到這裡才認
識椰棗，喜歡上椰棗的。

　　這趟行程不只安排了旅遊參觀，也到帆船飯
店體驗高級餐點義大利白松露全餐。他們用餐之
講究，光是針對不同酒的杯子，就有 6 ～ 7 種，
高雅精緻的餐點有近 10 道菜，一餐吃下來一人
也要台幣 2 萬多元；感謝朋友的招待。

1 杜拜有著平坦的賽道 (攝影／marathon-photos.com)
2 清真寺
3 這是瑞士團隊以太陽能環繞世界一周的太陽能船。瑞士
　在很多的能源政策上有很多非常有遠見的創舉，通常也
　是引領世界研究潮流的開端。右後方就是著名的皇宮飯
　店

4 綠洲飯店的咖啡壺很像阿拉丁神燈
5 第一次看到野生駱駝,很興奮
6 白松露

杜拜馬拉松相關資訊

創辦時間:1998 年
舉辦時間:每年 1 月
氣溫:攝氏 10 ~ 15 度
報名費:全馬 US$120
報名時間:8 月
人數上限:無
組別:42K、10K、3K
獎金:第一名 20 萬美金 (世界最高獎金)
補給:從 5K 開始,每 2.5K 有一個
配速員:無
展覽會場:有,但規模小
起跑時間:07:00
時間限制:6 小時
起跑點:杜拜塔 (哈里發塔)
終點:杜拜塔 (哈里發塔)
完成獎牌:有,可下載完成成績證明
歷史成績記錄:有
路線圖:有
報名官網:www.dubaimarathon.org

我的旅程安排

預估旅費:NT$70,000
行程安排:4 天 3 夜
航空公司:卡達航空 (Qatar) 比較便宜,
2014 年起阿酋航空有直飛
住宿花費:3 晚約 NT$15,000
交通費用:機票約 NT$35,000

修女也瘋狂之為慈善而跑

完成時間
05 29

拿著「為修女加油」，「為慈善而跑」的旗幟，修女們齊聚在起跑點上一起合照；她們是最美的跑者——以馬拉松來傳遞愛的訊息，在跑道上向世界發光發熱。

2012 年的北京馬拉松因種種原因延到 11 月 25 日才舉行，因此變成了一場冬季馬拉松。將近 3 萬名跑者，龐大的陣容印證了民眾對於馬拉松的熱愛與熱情。這次馬拉松令我感動的是有 80 位修女和十餘位志願者組成的「修女馬拉松」隊伍在賽道上為愛、為慈善而跑。

　　身為馬拉松賽跑者，之前並沒有參加過任何為公益募款而跑的慈善活動。對我來說這次的北京馬拉松是上帝給我特別的禮物，讓我理解慈善機構組織如何透過馬拉松主辦單位的串聯，來吸引跑者與民眾的參與。透過這個平台籌措慈善組織運作所需的資金，並增加了在中國地區與國際間的曝光度。尤其媒體並不是那麼積極促進宗教活動的合作夥伴，但我很驚訝北京馬拉松主辦單位能邀請許多慈善機構參與，甚至為他們舉行了記者會。這次我所參加的修女馬拉松並沒有得到太多當地媒體的關注，反而大多是外國媒體在新聞發布會期間採訪了他們。

1　終點鳥巢合照

1

老胡同中的修女身影

在這 3 天的馬拉松旅行期間，我跟修女們住在一起。當我抵達北京後就直接到餐廳與她們會面，然後步行在胡同小巷中走回酒店時，氣溫很低，兩旁的老房子，高大的樹木和黃色的路燈照著一群穿著修女袍的修女們，這一幕讓我有很深的感受。

我和另一位修女住同一個房間，期間也出席了她們的活動。主辦單位「進德慈善機構」很小心花用每一分錢。酒店房間費用每晚每人只要人民幣 40 元。因為這都是善心人士捐助的款項。這樣的價位，說實在也不能挑剔什麼。但在這麼冷的天氣下，我的房間沒有熱水是很不方便的，所以只能用熱水壺煮些水擦洗，還好也有暖爐，房間小很快就溫暖了。酒店說這個飯店不久就會拆掉了，真是可惜，這種傳統建築和胡同 (Huton) 將會在北京逐漸消失了，真希望他們能做好保存。

2 跟修女們用完晚餐後走回飯店經過北京的老胡同
3 在北京的傳統市場買早點
4 在庭院裡享用早餐是一大享受呢
5 當地跑步團體的啦啦隊
6 神父也參與半程馬拉松
7 每公里都有標示里程數

跟我一起住的修女說到她們募款的方式，每年她們都會預估需要的資源。以她的例子來說，她的專案是燃料的部分，評估完煤燃料需要多少錢後，她的團隊需要募集 40%，然後慈善組織將其餘部分分配給他們。今年跑馬拉松的 80 位修女們，她們共負責了 30 個專案。我佩服她們的勇氣和愛，不僅付出她們的時間與生命來照顧那些有需要的人，並且走出去找資源，募集資金。

攝影／翟海晶

北京馬拉松相關資訊

舉辦時間：每年 10 月
氣溫：平均攝氏 8 ～ 19 度
報名費：全馬 RMB120，半程、迷你馬 RMB80
報名時間：9 月開始，額滿截止
人數上限：全馬 15,000、半馬 7,000、迷你馬 8,000
獎金：有
補給站：約 5K 後每 2.5 K 有水站，每 5K 有運動飲料
能量補給：27.5K、32.5K、37.5 K
配速員：無
展覽會場：有
起跑時間：08:00
時間限制：6 小時
起跑點：天安門廣場
終點：奧林匹克公園中心 (鳥巢，水立方中間景觀大道)
完成獎牌：有
官網：www.beijing-marathon.com/cn/index.html

我的旅程安排

預估旅費：NT$30,000 ～ 40,000
行程安排：3 天 2 夜自由行
航空公司：中華航空、長榮或中國國際航空
飯店：一般是兩晚約 NT$8,000(此次與修女住，花不到 NT$1,000)
交通：機票加交通約 NT$20,000

與隨團記者翟海晶合照

我的圓夢小札

她們是一群最美的跑者

進德聯絡人胡女士說，相較於其他亞洲國家，中國年輕的修女人數是比較多的。我覺得這是非常寶貴的祝福與恩典，也對中國的未來有深遠的影響，將會創建更健康的社會基礎與年輕一輩的價值觀，犧牲與奉獻。

我很高興可以參與這次的為慈善而跑，修女們的熱情、愛心、能量和信心深深的影響了我。這次的馬拉松不只是一場馬拉松，跑得快的不是我們的目標，而是我們在到達終點線前，最後的 800 公尺，拉起修女為慈善而跑的旗幟一起跑過終點的感動。

這是如此寶貴，因為它是在中國共產黨的首都所發生的，我的第 20 個馬拉松是如此的特別又有意義！

摄影／瞿海晶

Taiwan
RUN 3

臺灣的馬拉松熱力

環台超馬│南投三鐵│三鐵接力│富邦路跑│基隆五分山
鎮西堡志工馬與超馬賽│太魯閣│合歡山│三重│鳳山軍校

台灣人瘋路跑，週週活動，場場報名秒殺！
和三五好友相伴，一起踏行美麗的寶島風光，
已成為全民最快樂的運動！

礁溪溫泉馬拉松

那一年我們一起
在雨中跑的馬拉松

　　這張與鄭朝升老師、超過300馬紀錄的
「蔡總」蔡坤坡,和13知路跑協會蔡會長一起
跑的畫面,幸運地讓小葉捕捉了。這絕對是我
今年的經典馬拉松照──那一年我們一起在雨
中跑的馬拉松。一張照片抵上千萬字,謝謝小
葉!他是跑者最麻吉也是賽道上的爆肝鐵人攝
影師!總是無償的付出,替跑者留下美好的回
憶,也非常有創意的精進影片處理技巧,令人
佩服。

　　台灣真是寶島,四季的馬拉松都有不同的
經歷與驚喜。這場馬拉松,在大雨下不停的礁
溪鄉間小道進行著。儘管下著雨,卻不覺得冷,
沿路與跑友們聊天真開心。這就是我享受馬拉
松的方式,不在乎外在環境如何,認真的跑,盡
情的享受!如果馬拉松是愛情,那麼一場大雨
就像是一把火,可以燃起跑得更快、更愉悅的熱
情,也可以像是帶苦味的巧克力,在嘴裡回甘,
細細品嘗與心靈的對話時間。

　　謝謝大家成就一場美麗的回憶,還記得那
天主辦單位豐富的「等路」(伴手禮)特別多,感
恩～

攝影／葉昶鑛

台灣馬拉松大跨步！
史上首場環台超馬

2013年首次舉辦的環台超馬是一大創舉，也進一步的將台灣的超級馬拉松推向國際舞台，讓國際看到台灣在超馬賽事上的提昇。這對台灣所有愛好馬拉松與長跑的跑者們，無非是一個與有榮焉的歷史記錄；而我能參與這第一次的盛事，真是身為跑者的光榮。

各路好手集合，用雙腳步步領略寶島風光

一場環台馬的籌備真的不容易呢！才多少人的參與，背後卻要這麼多人的付出與準備。看到這些參與環台全程的跑者，我心裡是很感動的，由衷地為他們祝福與禱告。也因為這賽事的不易，我特地做了一個特別的標語「耶穌愛你」，希望更多的人能夠感受到上帝的愛，也為這個環台賽祝福。希望有耶穌的愛同在，一切都能順利圓滿的完成。

報名雙日賽的時候並沒有想太多，只是想挑戰自己。但，74公里與42公里的差別是什麼呢？74公里與155公里的差別又是什麼呢？對我來說，74公里應該可以完成，但兩天155公里應該會是很大的挑戰，需要超於常人的毅力，與比較多的準備；我想試試我的極限是否有辦法挑戰成功。

報名的路線是北海岸的風光

第一天 3/30　　　74公里

東吳大學 08:00 起跑 → 淡水 → 登輝大道(台2)
→ 三芝 → 石門 → 金山 → 萬里 → 基隆

第二天 3/31　　　82公里

基隆火車站 06:00 起跑 → 台2 → 鼻頭角 →
三紹角 → 大里 → 頭城 → 台9 → 礁溪

耶穌愛你的字樣在背後
讓我感到另一種傳福音
的喜悅

這句標語是我這場馬拉
松最好的能量補給來源

起跑的第一圈，超馬媽媽邱淑容帶著大家一起繞操場一圈，當時情緒很激昂

難忘的海岸線夜跑

原本我打算輕鬆的跑完就好，結果跑著跑著發現還是滿累的。早上有些時段太陽太大要擦防曬，結果BP伙伴們騎著腳踏車來為我加油時，還幫忙買防曬乳，好感動！沒想到才擦了沒多久，居然就下雨了，接下來一整天都是在雨中度過。

我在中繼站耽擱了很久的時間，換襪子及清洗。倒不是因為潔癖，只是擔心跑完一天後皮膚與身體會不適。Jimmy大好心的提供咖啡，也提醒我吃碗魯肉飯後再跑才有力氣……說真的，那真的很重要。等國徽大哥提醒我是最後一個了，我才趕快收拾，繼續跑步上路。

下午路線是很美的海岸線，看到很多咖啡館。在這綿綿細雨的午後，坐在裡面喝杯咖啡是多麼幸福呢！想歸想，時間還是要顧，剩下的30幾公里，還是得注意時間，別被關門了。隨著天色漸漸暗了，每到一個補給站我都先問一下關門時間，最後還因誤報，差點無法在時間內抵達終點。最後幾公里真是拼了所有力氣在跑，感覺腳快抽筋了，又不能放慢速度，因為這時候放棄就太可惜了！

天黑了，回到終點的路還很遠……

1 BP三鐵社夥伴高立功於起跑前到場為隊長王天偉及其他夥伴們加油；隊長太太則在終點的那頭等著他
2 BP三鐵社夥伴半路上相互加油，是社團溫暖與凝聚力的表現（由左至右：高碩俊、劉憶萱、江賢勳、高立功）

好想吃枇杷,可是我的心裡在彈琵琶啊

　　當我跑在漆黑的夜裡時,的確有很多的情緒與內心的對話。因著這條道路,我發現人生也是這樣,會有跑在漆黑裡的時候,但有時當周遭的燈暗了,反而顯得前方的燈更明亮。晚上8點前我抵達了終點,很開心,雖然最後的路上有點鬧脾氣,可是還是熬過了。但因為太疲累了,所以也放棄了第二天的報名賽程。

　　其實跑超馬真的是一種修行也是一種磨練,人的體能是有極限的,到了最後可能任何一件小事情都會被自己放大,特別是從來沒跑過的長距離挑戰,不好的天氣往往讓情緒更加的戲劇化,情緒不像在平時一樣能控制得宜。因此很多人都說,要對跑超馬的人多一點包容,不要對他們在最後關頭產生的情緒太在意。有些事情,真的是要經歷過了才會知道。

　　我很慶幸身旁的朋友都是最棒的鼓舞者,在跑場上每個人的狀況不一,但彼此鼓勵一定可以加分,千萬別當一個洩氣筒,因為放棄容易堅持難。這一馬特別感謝雙連張國徽大哥陪跑。

關於環台馬拉松我想要說的是……

跑一場超馬的前置作業跟準備事項有哪些?

■ **預防起水泡**:可用3M膚色貼布貼腳趾頭跟腳底、腋下等容易磨擦的地方。衣服較緊會磨擦的地方可擦凡士林。

■ **KT貼布**:可避免及減輕抽筋跟痠痛。我在LA馬參觀EXPO時有試用過,可在其官網查到貼法。

■ **手錶**:經過此次經驗,以後再參加的話,要購買有里程記錄功能的手錶

■ **補給品**:能量包(有分含咖啡因跟不含的)、咖啡因錠、BCAA支鏈胺基酸、鹽錠、蜂蜜,還有賽後吃的維他命C,預防感冒

■ **水壺腰帶**:這平常要練習慣,不然會變成負擔

■ **腳指甲要剪**

■ **其他攜帶物品**:擦勞滅、太陽眼鏡、手機、號碼布帶、兩雙鞋子、襪子三雙、中繼站的衣物袋要準備好、第二天的衣物一袋,還要帶一些錢跟已儲值的icash卡。

最重要的還是信念與這段時間的自我激勵,以及平常訓練量要夠……

三鐵接力，
團隊奮戰的溫暖與榮耀

　　曾經聽說馬拉松是一個人完成的運動，但我想說「馬拉松也是一個團隊合作的運動」。尤其是鐵三角的項目，如果前兩項游泳、騎車沒完成，就無法進行跑步的項目，因此參加的BP伙伴們都非常的在乎，每個人都盡力的完成自己所負責的競賽項目，因為他們都知道我的40場馬拉松目標，個個都很認真的在幫我。

　　回想與BP伙伴們參加「Challenge Taiwan」2013年第一次在台灣辦的賽事，一行人浩浩蕩蕩的穿著隊服，扛著腳踏車，搭著長途的火車遠赴台東活水湖挑戰226公里鐵人賽。是什麼原因可以讓一群人這麼團結？我想是一種團隊的精神感召，與伙伴們對這個活動的熱情。

　　這麼有意義的一馬，接到最後一棒在跑的時候，真的很感謝Hawk努力的完成游泳與騎車，特別是他衝刺到終點抽筋跪到地上的那一幕，雖然沒有親眼看見，我卻可以感受到那股溫暖的力量，與為隊友奮戰的精神。

　　Hawk若沒完成游泳與騎車項目，我也就無法完成馬拉松，這就好像一個生命共同體。有最佳的團隊合作精神，也讓我幸運的拿到分組第二名，上台領獎。若不是有這麼多位的好友支持，我的小小夢想就不能達成，感恩在心，謝謝大家的鼓勵。

Challenge Taiwan官網：www.challenge-taiwan.com/zh-TW

在台東活水湖來回游兩趟就有3.8公里了，這個賽事的另一個特點是結合在地化的特色，用竹炮當做比賽開始的鳴炮

Breezemanbike.com
輕風俠單車零配件購物網站

ERDINGER
ALKOHOLFREI

Darry

很開心獲得分組第二名，跟Hawk一起上台領獎，一群人

| 南投三鐵・奪季軍 |

日月潭泳渡
＋單車
＋公路馬拉松

　　南投縣政府很會促進觀光，三鐵比賽是在兩個不同的週末舉辦，但對我們這些上班族來說，就要請很多假，非常的不方便。為了完賽，短短的10天內我造訪了南投三次，這股為了完賽的意志力還真是堅定！但我還是比較喜歡能夠連著辦的賽事，隔天也好，隔兩個不同的週末就很傷腦筋。

日月潭泳渡，萬人下水餃

　　每年的日月潭泳渡都吸引了將近數萬人的參加，也被形容是一場下水餃的年度游泳大事。參加三鐵組的好處就是可以提前一天泳渡，不用跟大家一起擠。

　　一早來到朝霧碼頭，遠處的山頭仍籠罩在白霧之中，飄在半空中的白雲倒映在水面上，讓人就像是身處仙境。比賽的水道已經圍好，看似短短的距離，也可以花上2個小時好好享受。日月潭的美，不僅可以用看的，還可以用游的，以這種方式體驗日月潭是很特別的。

　　參加這個泳渡還有個小插曲，就是我忘了帶浮標。正禱告求神讓我平安游到對岸的時候，發現萬客隆旅行團有多的浮標可以賣給我。感謝神，祂是賜平安的神，讓我沒有恐懼且平安順利的在時間內完成。

三鐵賽程表

日月潭橫泳 3公里/2小時
101年9月15日 09:00～11:00
日月潭 → 朝霧 → 伊達邵

武嶺自由車 55公里/7小時
101年9月22日 05:00～12:00
埔里 → 武嶺 → 地理中心碑 → 武嶺

中潭公路馬拉松
42.195公里/6小時
101年9月23日 07:00～13:00
台14線中潭公路 →
台灣工藝研究發展中心　　國姓　　草屯

騎到鐵屁股的武嶺單車路程

一早5點，天沒亮我就從埔里地理中心碑出發，心裡數算著幾點能到武嶺？下山回來搭幾點的車才能趕得上教會團契詩班的練習？跟上帝約定好的事，不能輕易爽約。

心裡一直擔心來不及，我卻在6小時又39分後抵達武嶺。我竟然辦到了，在時限7小時內完成！稍作休息後，趕快繼續回程的路。上山7小時，下山竟然也花了3個小時。回到了旅館，好心的老闆娘帶我去搭客運，一切都很順利的接駁到高鐵，趕到車班。雖然詩班的練習遲到了，但竟還有30分鐘可以跟大家再練習一次。神真的是很奇妙，一切都在祂的掌握裡。

腳起水泡，意外奪季軍

中潭馬的難度不是距離問題，而是前天騎完武嶺那段路後，對於像我這種休閒組的肉腳而言，隔天接著跑的挑戰真的很高。尤其不知為何腳大姆指起水泡破皮，跑起來真的很痛啊！有跑友看到我的背影，超越我時就說：「腳步聲很重喔！」我想真的是我提不起腳來，或是從來沒想過腳步要如何變輕這個問題……終於，最後在5:53分抵達終點，順利在時限6小時內完成。

這趟三鐵比賽有許多值得感激的事發生，感謝有浮標可買；感謝讓我準時抵達教會服事；感謝最後有前輩陪跑；感謝神讓我

擁有永不放棄的毅力，並且也意外的獲得女子組第三名的獎項，超乎我所求所想，也讓我有機會把得來的獎金奉獻出去！

中潭馬獎牌

1 志工為抵達武嶺終點的選手掛上完成獎牌
2 2012南投三鐵女子組季軍獎盃與獎金
3 武嶺單車競賽項目中途的補給站

Shirly即使暈倒、腳底
破皮、抽筋,最終仍靠
著過人的毅力與意志力
完成了富邦馬

| 2012台北富邦馬拉松 |

陪毅力驚人的小女子
完成初馬夢想

　　這篇文章是為了富邦馬場上遇到的一位奇女子而寫的。這個小女生的毅力跟意志力真是令我佩服。本來她只是要報9K，結果額滿，42K就報了下去。雖然她靠著平常的游泳習慣有著好體力，可是對於一個初馬的跑者來說，準備與常識確實不足。

　　這場馬拉松我原本是希望能在4:30分內完成，破個人的4:41最佳記錄，所以一路努力的跟著配速員，腦子裡沒有太多的想法，只想拍拍照，快樂的跑完。結果在22K處看到一位女生跌倒，有人趕緊幫忙，也有人叫了救護車。她的眼睛一直打轉，我心想她應該會休息不會繼續跑。結果不一會兒，她竟然追上來了，可是會左右搖晃。我把巧克力給她再繼續跑下去，後來24K她也趕上來了，問我還有幾公里。心裡算了一下時間，應該可以完成，於是我就跟她一起跑。

　　到了27.5K，感謝醫護站有提供運動飲料，她竟一口氣把500cc的飲料喝完。她不知已經渴多久了，一定是又餓又渴，也沒有補充電解質，當下真是為她感到心疼。她說腳痛，結果是腳底的大水泡破了，在30K包紮過後，選擇繼續跑。

　　就這樣，最後的半程一路跑跑停停，有時牽著她防止跌倒。終點前的1公里，我問她心臟功能正常嗎？因為初馬者在抵達終點前是有可能因為太興奮而發生危險的。沒想到，最後10公尺她抽筋了，我扶著她慢慢走向終點，在截止時間的3分鐘前通過終點線，她還比我快2分鐘。後來看到相片，真的覺得很感動，太不可思議了！

陪初馬者跨越終點的快樂

　　感謝神讓我遇到這位小天使，也讓我體會到，跑馬拉松不只是跑自己的而已，而是當有人需要幫助時，你也可以拉他一把，陪他走一段路。一起完成比賽也是件很快樂的事！我很慶幸沒有忽視心裡的感動照顧她、帶她安全抵達終點。原來這就是Simply the Best！

　　沿路的救護補給站、運動飲料的補充，真的是救了這個小女生。因為腿抽筋會恢復，可是如果沒有運動飲料的補充是會造成生命危險的。有鑑於台灣的慢跑風氣漸盛，很多的初馬跑者往往都是單槍匹馬的參加。期望日後各主辦單位對於這些新加入的跑者，能給予多一些的培訓資訊與教導，讓參加者跑得健康跑得快樂。恭喜每位挑戰初馬成功的跑者們！

　　而這個故事還有後續呢，這位小女生Shirly，後來加入了BP三鐵社、當志工，在隔年也再次挑戰富邦馬拉松，並且在2014年3月的萬金石馬拉松，也帶了一位初馬跑友快樂地完賽。你說這是不是一個美好的生命傳遞呢？

圖片提供／馬拉松世界(marathonsworld)

攝影／葉昶鑛

攝影／林瑤羲

牽起希望的線，
視障者陪跑的啟發

　　這一馬也是充滿挑戰，風景很漂亮，沿路有美麗的花與
蝴蝶，令人目不暇給，但我的心卻在看到有人牽著視障跑友
跑馬拉松時，有了很深的感觸。在國外跑馬，算是常看到視障
跑者與陪跑員，但在台灣，這是我第一次看到。

視障者要跨出第一步很不容易

　　當時並不認識蕭萬呈會長與田馥綱大哥，心中莫名的感動讓我好奇的問了幾個問題。聊了幾句後，讓我更了解視障跑友要跨出第一步是多麼不易。因為他們主要是以按摩為業，平常工作到很晚，白天要出來跑步是很困難的，必須克服工作的疲累，早起跟陪跑員練跑，當然陪跑員的付出與耐心也是難能可貴。看到會長與田大哥必須輪流牽著他們，可見要牽著同跑是多麼的困難，尤其身高差那麼多，兩邊一定都很辛苦。

　　徐再金是這次他們牽著陪跑的視障者，是個好有想法與理想的人。記得當時她的目標是要把富邦馬視障組的第一名獎項留在台灣(以往都是外國參賽者獲得)。皇天不負苦心人，經過多少的練習與挑戰，去年阿金的願望達成了，勇奪富邦馬視障組的第一名！從事按摩業的她，在馬拉松裡找到了另一個快樂的生命，更有自信，更有意義的活出生命的光彩。雖然她的眼睛幾乎看不到，但每一個腳步聲就像是彩繪她美麗人生的水彩。

　　因著她的鼓勵，她身邊也漸漸的有更多的視障朋友願意跨出這困難的第一步。而視障陪跑者們，扮演著幕後的推動者，如同一條牽起希望的線，也讓我們看到社會上的弱勢角落。有了溫暖與關懷的馬拉松，不再只是一場單純的運動跟比賽了……

　　這一次跟BP三鐵社的伙伴們一起參加，最後在高碩俊的提醒與督促下，努力的在關門前抵達終點。謝謝大家，很棒的回憶！

陪視障者跑步，心中有無限感動

　　相隔一年後，我在2013年10月的艋舺馬第一次擔任視障的陪跑員，陪跑一位全盲的「初馬視障跑者」。但我前一天才剛跑完鎮西堡的47公里志工馬，雖然累，不過心裡卻很高興，只是有點擔心，不知是否能順利的在限制時間內帶著他跑回終點。然而是我多慮了，他準備得很好，而我也有信心只要不抽筋，不要求時間一定要多快的條件下，我們是可以完成的。

2012
基 隆 市 市 長 盃
基隆市忠孝獅子會
五分山馬拉松

LIONS
L
INTERNATIONAL

五分山獎牌

大腳丫涂國華、鐘哲萍夫婦，
樂於捕捉賽道上跑者的照片，
並分享給跑者

百信呂董夫婦，馬拉松界的神鵰俠侶

林瑤義拍攝

　　當我陪伴的視障跑者王傑先生知道我前一天跑了47公里後，還說他以前在軍中有做過負重訓練，如果我累了可以背我，應該可以背個幾公里……這讓我真的好感動。他不擔心自己，還一心想到要照顧別人，而且他雖是初馬跑者，但一路上也大聲的為大家加油、謝謝志工的辛勞。也許因為我的人資背景關係，與他這六小時的相處，讓我想到他是個這麼優秀的人才，面對全盲是怎麼熬過來的？未來的路要怎麼走？也許因為他看不見，所以他的記憶力與聽力特別強，能真正的傾聽到對方心裡的話。真期待他們的優點能被發掘，發揮貢獻出來，以生命影響生命。

　　那一天，王傑先生賽前一直擔心的腳痛問題完全沒發生，也沒有抽筋；這真的要歸功於平常帶他練習的陪跑員。我也要謝謝蕭會長跟王傑先生給我這個機會，感謝一路陪跑的好友、大家的鼓勵聲，以及Jimmy幫忙補給。

| 鎮西堡志工馬及超馬賽事 |

服務別人前
自己先跑過一遍

回顧我的第26馬，是2013年1月13日舉辦的新竹縣尖石鄉鎮西堡志工馬。我當時還在思考這本馬拉松書的內容，突然有個靈感想要換個角色做看看，用不同的角度來了解馬拉松活動，因此我報名了志工馬。特別的是主辦單位也事先提醒，跑過就是為了將來要當志工。這是一場服務別人之前自己先試跑過一遍、付出比收穫更多的志工VIP賽事，讓所有志工們更了解熟悉這場比賽，從中也讓我體會到主辦單位的用心。這場志工馬我花了近8.5小時完成47公里，真的很難，可是真的很值得。沿途是尖石鄉公所到鎮西堡超美的路線，這場超難的馬拉松，一路上有超棒的志工，終點還有美麗的彩虹出現，這是完成這一馬最棒的禮物。此比賽的補給規格與正式比賽相同，讓志工們倍感尊榮。特別感謝當時初識的國徽大哥陪跑最後幾公里、鍾哲萍大姐跟陳世偵(貓哥)的拍照留念。終點有超好吃的熱食，尤其是羊肉爐，至今仍讓我念念不忘。美麗的會長夫人劉影影(小影)，還特別在終點準備了熱水，讓跑者跑完就能沖個熱水澡，真是貼心又細心啊！

攝影／葉昶鑛

2013年第一屆的
志工完成獎牌

　　而這場馬拉松的完成獎牌非常有創意，蔡會長用心良苦、鍥而不捨的將理念與構想跟廠商溝通後，終於得到了廠商的支持，做出沒有人做過的竹節獎牌，既環保又有紀念價值，且每個都是獨一無二的。這種在地的素材的運用，不僅創造了當地的工作機會，也行銷了原住民文化。

　　這場馬拉松，沿路跑友的鼓勵迴盪耳邊，說實在的，沒有一個人是我認識的，大部分都只是在馬場上有幾面之緣，讓我再次感受到除了BP三鐵社之外，馬拉松這個大家庭還真是充滿了溫暖。後來慢慢發現這些都是重量級的人物後，也讓我深感慚愧；在這場志工馬之前，我除了BP的伙伴之外，只知道獅子頭施文聰啊(呵呵，謝謝獅子頭幫忙登錄馬拉松普查跟分享)。

　　感謝蔡會長跟小影給我機會，可以跟所有志工一起為選手服務，才認識了這麼多馬場的好朋友，短短一年不到的時間，怎麼感覺好像過了一個世紀般的豐富。這真是一次奇妙的經歷，也讓我有了新的眼光認識馬拉松與跑馬拉松。

1 2013年4月第一屆比賽，蔡會長為第一名挑獎牌簽名
2 2013年10月18日，月圓的志工之夜
3 蔡坤坡300馬紀念(攝影／葉昶鑛)
4 具有創意的竹節獎牌
5 第二屆志工馬賽道上的補給站
6 第一屆志工馬，在私人補給臭豆腐攤前的合照
7 令人回味的臭豆腐

世界唯一的峽谷馬拉松

世界唯一的峽谷馬拉松就在花蓮太魯閣國家公園舉行，自2000年起舉辦至今，每年都吸引了國內外愛好馬拉松的跑友們參加。以往都是先報先得，額滿為止；2013年因報名人數眾多而改為抽籤方式。

2012年太魯閣馬拉松主辦單位鼓勵跑者以創意的變裝秀來提倡環保意識，我選擇了在太魯閣拍到的美麗鳳蝶當成我變裝的主題，以最直接的方式──蝴蝶與跑者共同飛舞奔跑在這美麗的峽谷中，來表達在地生態與環境保育的連結，以獲得最直接的推廣效益。

穿越險山峻水，千人跨橋的磅礡畫面

一早大家都得往活動中心寄物，再到起跑點集合，而我選擇了住在起跑點旁的青年旅館，非常的方便又便宜，但必須前一年就要先預訂才有房間。

2012年的比賽路線稍有修改，從太魯閣牌樓起跑，往水泥工廠方向跑，再左轉太魯閣大橋。那數千選手齊通過依山傍海的橋面，磅礡的氣勢不只震撼人心，嘆為觀止，也感動了所有的選手及加油民眾。

大尾鳳蝶

保育環境，保育蝴蝶

跑過太魯閣大橋才能拍到跑者
縱橫在峽谷路上的壯觀畫面

在賽道上要留下最美的畫面，就必需停下腳步，不能維持一定的速度前進或太在乎完成時間，但必須以在關門前進入終點、能拿到完成證書為原則。這次差不多是在8公里左右的時候，看到一個畫面讓我停下了腳步，雖然陪伴大家的是一樣的青山綠水，但身為跑者的我，往往跑得慢也是為了要捕捉前面的跑者縱橫在峽谷路上的永恆回憶。大自然的奧妙，轉個彎帶來的畫面常常令人又驚又喜，愛不釋手。

沿途看著眼前的畫面，讓我忘記了這趟馬拉松的艱辛，腿部的肌肉因上坡路段而發熱，心裡也是發燙的，因為跑在這美麗的峽谷路線上，心裡的感動就好像是與這山谷的一草一木一個小石頭有了對話。我站在這個位置追求的不是速度，而是捕捉跑者依山傍水的畫面把最美的回憶記錄下來。

跑步最開心的還是沿路跟跑友們聊天，即使速度不一樣，沿途都會遇到不同的跑友，可愛、熱情、親切、彼此鼓勵。就像是人生的旅途上，會遇到不同的過客，珍惜每一次的際遇，為彼此喝采。

只有在台灣才能親身經歷這世界唯一的峽谷馬拉松的美

1 有些路段因為有落石，所以國家公園為了安全起見，替跑友準
備了安全帽。可是戴著真的很不好跑
2 跑步最開心的還是沿路跟跑友們聊天，即使速度不一樣都會
遇到不同可愛的跑友

照片提供／陳振輝

在台灣跑馬拉松最幸福的就是有好幾個單
位與個人熱心的為跑友拍照，免費提供給跑友
下載，也有需付費的。不管如何這都帶給跑者一
個寶貴的紀念與美好賽事的回味。謝謝馬拉松
世界(www.marathonsworld.com)攝影師拍的
美美的照片，這是一個很棒的平台，記載了許多
賽事資訊與相片。

跑者們通過終點線，在經過一場高難度的
馬拉松之後，都坐在草皮上欣賞風景休息，悠閒
的享受美味便當，每一口也都在咀嚼回味這次
賽道上與一草一木、一個石頭的互動，和內心有

跑者們在經過一場高難度的馬拉松之後，
悠閒的享受便當，坐在草皮上欣賞風景

熱情的原住民舞蹈啦啦隊

圖片提供／馬拉松(www.marathonsworld.com)

趣的對話。我跑過太魯閣的一次半馬、兩次全馬,也參與了2011徵文與 2012 變裝秀,真的感受到跑馬拉松不只是跑馬拉松,有意願參與主辦單位的活動可以說是一種投入,也是一種最直接的認同與支持的表現。我也深深的體會到這意義不凡;當我們在職場談員工認同的促進方式時,對我最大的啟發是活動的設計不只是吸引人參與,進一步的若能得到同仁的投入與付出,就能得到更高的滿意度與對組織的認同。

　　期待每一次造訪太魯閣,都能看到美麗的大尾鳳蝶。很感謝妹妹與妹婿大豪廣告的贊助,幫忙輸出蝴蝶圖,讓我進行加工,完成可以背在身上的蝴蝶裝。

合歡馬的超級補給

嶺武
尺公3275高標

| 合歡山馬拉松 |

極限的挑戰，
高海拔的美景

合歡山號稱是全東南亞公路的最高點，並且也是臺灣公路的最高點。主辦的台灣謙信越野馬拉松協會理事長吳朝陽先生，為了讓國人免到國外就能享受跟國外一樣的高山馬拉松，而開創這一條從來沒有人辦過的路線。那氣勢磅礡又美麗的山脈，以及清新的空氣，吸引我參加了兩次的合歡山馬拉松(2011年和2013年)。

第一次跑合歡山很辛苦，因為不習慣在高海拔的地方跑步，海拔總爬升約1,400公尺，空氣稀薄、呼吸困難，所以上坡幾乎都是用走的。但也因為沿途美麗的風景，讓我整個心思全都沉浸在大自然裡，享受與自己的內在對話，讓身體與大自然融合。

第二次參加合歡山馬拉松，有一點不一樣是，這次我擔任英文司儀的志工。很高興能受到鄒雙喜上校的指導，而且他在主持完後馬上跟著起跑，還是第一名回來。今年因為有外國選手競爭，兩位實力相當，鄒上校還是讓第一名的獎項留在台灣了，非常的厲害。這次的合歡馬，天氣更好，讓人更想利用每分每秒來好好享受這趟馬拉松之旅。我希望以後有機會能在下雪的合歡山上跑馬拉松……

全馬組 43.3公里

102年10月5日 限時7.5小時

台14甲11K／1900M
(娜嚕灣門口起)
↓
武嶺(台14甲32K／3275M)
↓
合歡山松雪樓前(台14甲33K／3158M) 中間折回點
↓
福爾摩莎 FINISH

馬拉松主持初體驗 與鄒雙喜上校合影
(攝影／鍾哲萍)

| 三重馬拉松 |

請妳陪我跑到人生的最後一刻，嫁給我吧！

在一次的兩鐵(騎車+跑步)賽事上遇到Ken跟Hawk，他們親切的邀請我加入BP三鐵社後，我的跑步生活就跟一前不一樣了，不再是一個人。有賽事還可以一起報名；到達會場一同起跑、在賽道上聊天，就像是一家人一樣。原來加入社團的好處這麼多，我以前都在做什麼呢？

全體動員，務求抱得美人歸

既然是一家人，那家裡的事當然就要投入囉！最令人興奮的是，從Ken那裡知道了天偉的求婚計劃，在這一個多月的預備時間內，大家都小心翼翼的配合，並且不能讓女主角發現，可說是保密到家！

這場BP三鐵社第一個馬拉松求婚記，在「2012三重全國馬拉松比賽」浪漫登場！我們一群陪跑的隊友們在終點前2公里處會合後，在馬拉松關門時間前約30分，一群親友團拉著布條齊步跑，等到快接近終點時，布條翻到正面。男主角天偉手上捧著玫瑰花束跑到隊伍前面，快步奔向在終站等候的女主角林美親，終點線那裡我們也安排隊員帶女主角到拱門的地方。原本擔心天偉怎麼這麼晚回來的美親，大吃了一驚，感動落淚，接受了他的求婚。

有情人終成眷屬，跑馬拉松有另一半的支持是很幸福美滿的。看到美親雖然跑不多，但一直都默默的在一旁陪伴，美親會主動的鼓勵其他隊友、幫忙拍照，有天偉跟她的熱心服務精神，真的很棒。

而他們的小豹妞，在2014年2月出生了，我們都好開心。美麗的故事會一直延續……

攝影／陳世偵　　　　　　　　　　　照片提供／Black Panther 三鐵社

天偉單腳跪求婚，美親說：「我願意！」
照片提供／Black Panther 三鐵社

| 鳳山軍校馬拉松 |

士氣驚人的百馬團

現在台灣馬拉松風氣的盛行，也造就了越來越多的追馬人，換句話說，很多人的目標都是放在何時可以達成百馬。因此百馬不只是對跑者本身來說意義重大，主辦單位更是鄭重其事的為參加該場次的百馬跑者特別製做百馬彩帶，而跑者本身也會有他的百馬團陪跑，以慶祝這用時間、體力與毅力贏得的榮耀時刻。所以現在幾乎每場馬拉松都有人慶祝百馬。但對當時我參加鳳山這場馬拉松時，還是第一次有這麼震撼的經歷。

1 跑在軍營裡的雄壯威武加上百馬的士氣磅礡
2 今天的百馬王子陳德志跑友

　　百馬真是台灣馬拉松的文化特產。在國外參賽時，問友人國外是否有百馬慶祝這類的活動，他們説幾乎沒聽過，如果有的話，應該是很盛大的慶祝。在台灣，跑者廣場的馬拉松普查與獎勵，跟開創百馬俱樂部的跑友，對台灣的馬拉松界做了非常有意義的事，也帶動百馬成長率。百馬團鼓勵的不只是當事人，更帶動了整場馬拉松的熱情氣氛、激勵沿路上的跑者。

　　對很多人來説，要完成一場馬拉松就已是遙不可及的事，更何況要完成100場馬拉松。除了體力、時間、金錢之外，在過程中可能還會面臨受傷不能跑、落馬等種種可能的失敗記錄，如果沒有一股堅持到底的傻勁是不可能的。跑者們能夠堅持下去，最重要的也是要有觀眾與幕僚。常常可以看到百馬跑者為了感謝親友支持，製作了精美紀念品給親友團們，真的很用心。看來不只馬拉松產品有商機，隨著越來越多百馬跑者的產生，設計百馬紀念品也是很有市場性的。附帶一提的是，這場馬拉松是跑在軍校裡；聽著國歌，是培養愛國情操最佳的情境。

　　希望大家都能長長久久健康的繼續跑下去，百馬加油！

落馬人的心情，
我懂⋯⋯

從開始跑馬到現在，也有5次的落馬經驗，對很多人來說可能是很不可思議，但落馬人的心情，我懂⋯⋯

第一次落馬是我的第二馬，在德國漢堡寒冷的早晨，起跑後拼命跑、拼命衝，一直到20公里抽筋痛到快哭出來，即使在醫護站按摩幾次還是沒用，只好心有不甘的上了收容車。現在回想起來，我是練習準備不夠，又自不量力的一開始衝太快，加上一個人來到人生地不熟的地方，路上也沒有人教導或提醒如何完成⋯⋯就這樣，只好落寞的回到終點。如果要我重來一次，我一定會注意練習量跟依照自己的能力配速。

第二次落馬是2012年的綠島馬。跑步久了，也會有膝蓋的毛病，突然跑沒幾公里就痛到沒法跑，事後看骨科照X光都看不出問題，後來聽建議喝葡萄糖氨、休息3個月後就好了。我也研究了一下，發現是自己的腳掌著地姿勢不對，所以調整之後就沒發生這問題，但我跑步時會加個護膝帶。這次的落馬，是自己對跑步認識的不足。

第三次落馬是2012年的光橋夜光馬。這次是因為工作的事情讓我非常挫折，有種無能為力的哀傷。過度的心理憂傷，使我完全無法燃起鬥志與熱情⋯⋯人總是有累了的時候，放棄是因為就算贏了這一仗，成就感是諷

基隆外木山港口

刺的。我也沒辦法改變什麼，但我來了，謝謝這場陪我一起感受失落與傷心的馬拉松。做人資的，什麼事情都要比別人冷靜，不能讓人知道計劃中的事，直到最後一刻。我也是人，馬拉松是我麻吉好友中，最最麻吉的好友。

第四次落馬是南投信義葡萄馬。這一年大家都流行連馬，我的葡萄馬前一天才完成了合歡馬。葡萄馬這一天，起跑後還算輕鬆愉快，但慢慢的有種想要漫遊在這個美麗的山谷跑道上的感覺，在青山綠水間仔細的數算路旁的蝴蝶與蝸牛……

微風輕吹，補給站的加油聲是那麼的響亮與熱情，與村民的互動是那麼樣的溫暖人心，我慢了下來，在路上與自然對話，與我內心的對話，也讓我的身體休息。彷彿它在對我說：謝謝妳。

至於第五個落馬，非落馬也，乃為成人之美。在基隆的外木山，我體會到船還是要靠岸，跑再久還是要回到終點。有多少時候為了趕回終點，而忽略沿途上的美景與人事物，享受當下的片刻。終點難道是衡量成敗的唯一依據嗎？當然不是。那人的一生何時是終點，我們都不知道，只知道沒有一個人是來白走一趟的，沿途發生的每一件事，你注意到了嗎？

這一馬，我沒有刻意為誰慢下來，但奇妙的就是感覺到要陪某位路上的跑友走一段。事情的發展往往就是那麼特別，有時我們沒辦法兼顧所有的事情時，就必須有所取捨。我也期許自己永遠有一顆純真的心，願意在必要的時候犧牲自己來成就別人。

40場完馬·後記

賽道上有許多不同的跑友，超越妳時會微笑說加油；
每個人的終點一樣，卻以不同速度、方式完成……

圖片授權／All Sports Community

馬拉松改變我
一些事，一些想法

晨起跑步，早上是大腦最具創造性的時刻

要跑一個42公里的馬拉松，平常的訓練是少不了的，然而要在1年半左右的時間內完成25個馬拉松，如果沒有非常堅定的意志力與毅力是很難達成的。對我來說這段時間幫助最大的是養成了早起晨跑的習慣，早晨的花香鳥叫與燦爛的陽光成了迎接美好一天最棒的祝福與精神來源。在工作上，我是非常目標導向的，因此晨跑的習慣更能幫助我，在每天早晨就能思想尋求所要做的事的靈感，並有計劃且規律的執行。很多創造性的點子都是在這個時候產生的。

生活圈與人際關係的拓展

跑馬拉松可以自己一個人跑，也可以一群人跑。我選擇跟一群人跑，每次都嘗試認識新朋友，這是一種拓展人際關係的管道。你會發現跑步的人都很快樂，正面且積極，總讓我在這當中感受到人性的積極與溫暖面；即使是不認識的人，也會為你加油。

透過認識新朋友，有些熱心的資深老馬(跑比較久的跑友)會分享一些跑步知識。而我也是邊跑邊學，一直到最近才認真的找老師學習。做任何事永遠都不嫌晚，就怕沒有開始。很感謝鄒雙喜上校的引薦，讓我到盧瑞忠老師所服務的中國科技大學練習，開始更深的認識跑步的技巧，和一些很簡單卻一直都不知道的概念。接下來我要把正確的姿勢練好，才能跑得更好，更輕鬆。

竹北市晨跑路線

靜靜的看著夜鷺捕魚，也是一種內心對話與反思時間

馬拉松教練之夢，幫助他人完成目標

圓了這個40歲之前完成40個馬拉松的夢想後，帶來的周邊效益與成就感真的很龐大，不只幫助了我自己，還幫助了別人圓夢。例如出書、被邀請參加世界走破的獎牌展、成為世界走破江湖跑堂的一員、擔任馬拉松活動的主持人，並且更多的參與馬拉松賽事的志工角色等等，這些都是以前連想都沒想過會發生在我身上的事。

很有趣的，我到這個時候才接觸真正的馬拉松跑步教練，與我正在學習ICF(International Coaching Federation)所發展出來的教練課程，有著異曲同工之妙──都是為了幫助他人達成目標。只是這個過程簡單的說，一個是有形的，一個是無形的，而我所想做的馬拉松教練是起始於無形的層面，從一種當事人有意願想突破或改變某種現況的心理層面開始，帶有有形的行動計劃，一步一步有系統的開始努力轉變並看得到自己的成長。我像是曠野中的野牛，尋找多元文化資糧，引領進入迦南地。我希望能將我在教育訓練方面的專業能力運用在馬拉松界上，對路跑活動未來的發展與成長做出一些貢獻，讓眾多新加入的跑友有機會知道如何獲得資訊與訓練資源，另外一方面，也讓資深的跑者能夠有傳授經驗、發揮的舞台與平台，促成魚幫水，水幫魚互助雙贏的局面，讓跑步的風氣，健康的一直延續下去。

最後我想分享的是，賽道上有許多不同的跑友，超越妳時會微笑說加油；每個人的終點一樣，卻以不同速度、方式完成，這讓我體認到人生一定要動，不動就落後、沒競爭力。然而馬拉松有高低坡起伏，正如人生有高低潮，必須堅持下去才能跑到終點；如同要圓一個夢也一樣，身邊的人不一定能長久陪伴，但千萬別讓自己落單，可以讓你身邊的人感受到參與這項圓夢計劃，是何等的光榮的一件事。

身心樂活系

讓你Body更有型

6週仰臥起坐計畫

作者◎金志勳　譯者◎張鈺琦

韓星私人教練教你打造完美巧克力腹肌+完美的背部肌肉線條，隨書附贈大型示範海報，跟著做So Easy

健康吃出好身材

上班族糙米減肥全攻略

作者◎金燦傑　譯者◎張鈺琦

換個吃法就能瘦！絕對不用挨餓，也不需大運動量，沒有金錢負擔，一起為健康變身苗條

教你養生妙方

生薑力(活用圖解版)

作者◎石原結實

暢銷突破13萬冊！生薑的功用不只祛寒而已，還能提高免疫，恢復健康美麗。本書針對32種症狀，提供具體對策

教妳穿出品味

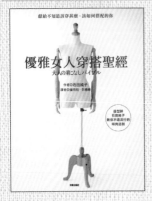

優雅女人穿搭聖經

作者◎石田純子
譯者◎鐘雨欣・李珊珊

日文首版年銷破十萬冊！日本人氣造型師寫給妳的簡單易懂造型書，從此掌握不退流行的時尚法則

教妳穿出好身形

優雅女人顯瘦造型穿衣法

作者◎石田純子
譯者◎鐘雨欣・李珊珊

顯瘦不是一再遮掩、只能穿著暗色；掌握幾個簡單的心機祕訣，就能穿出苗條纖瘦

教你早睡早起

積極人生晨起術

作者◎遠藤拓郎　譯者◎張秀慧

晨型人之強大，在於他們擁有「發想與決策力最強的黃金3小時」。國際級睡眠醫師教你掌握生物時鐘，輕鬆舒眠、早起

智慧成長系

引發父母迴響

如果沒有財產
就留給孩子讀書的方法

作者◎韓熙錫　譯者◎穆香怡

獲首爾市教育局頒贈「不補習的子
女教育一等獎」模範！從吊車尾到
全校第一名的感動實錄

家有病人的必備寶典

你可以療癒自己：
名醫沒有空告訴你的事

作者◎茱莉·希芙　譯者◎王淑玫

本書試用於：慢性病、癌症、意外
傷害、精神創傷患者及陪伴者必備
的療癒指南，在身、心、情緒方面
提供照護策略

人際練達的學問

傾聽的藝術

作者◎姜一洙　譯者◎穆香怡

每個世界背後都有一個核心問題，
你聽出來了嗎？想要有圓融成功的
溝通，你需要先學會「聽話」，才
知道要怎麼「說」

女生必看

形象魅力就是妳的說服力

作者◎鄭連娥　譯者◎劉雪英

魅力不是與生俱來的，也不等於外
貌，是後天對自我風格的掌握，及
談吐內涵的學習。韓國首席形象諮
詢師提升魅力指數的七種超級祕訣

成功人都在做的事

一流人才的晨讀習慣

作者◎中島孝志、晨讀俱樂部
譯者◎王蘊潔

早晨是最聰明的時候，接收少許訊
息，就能激盪出許多異想不到的火
花！想要成為靈活人、提升工作成
效，你一定要學會每天1小時的晨讀
學習法

錢是理出來的

上班族的五道財務防線

作者◎陳玉治

一本給上班族最務實的理財觀念
書！累積數十年投資經驗的良心提
醒。你再怎麼會賺，唯有按部就班
地把5道財務防線建起，才能在各種
金融風暴和危機中挺下來

夢起飛
Dream 飛

夢起飛書系

一趟充滿回憶的旅行需要行動力，圓一個夢去完成心中的渴望，更需要行動力。這些旅人，不只是在旅行，更是在找自己；並企圖在旅程劃下句點之後，能確定人生方向，投入他們真正想要的志業，過他們更樂意去過的生活。

圓夢，不是靠衝動，而是一股持續醞釀與增強的動力；也不是因為別人的邀約，而是為了回應內心的呼喚。

有行動力的旅行，就在太雅出版社！從教你如何旅行，到教你如何圓夢，太雅始終是你的旅途良伴。

太雅讀書花園
圓夢系

勇敢轉職

走！到法國學廚藝
作者◎安東尼
超過60萬人都在看的安東尼廚房出書囉！看科技新貴放棄工作，飄洋過海到法國藍帶學廚藝，突破語言不通、和從零開始的學習困難，一步步邁向法國廚師之夢！附藍帶、斐杭狄廚藝學校申請須知及上課實錄。

勇敢創業

英國開車玩一圈
作者◎Burger Bus英式漢堡店小夫妻
一個是電信所、一個是外文系畢業，兩個毫無餐飲背景的人，憑著熱情興趣，開始「不務正業」地開起漢堡店。書中分享熱血曲折的創業故事，及尋找開店靈感的環英之旅。本書也是市面上最詳盡的英國開車導覽書！

勇敢挑戰

用馬拉松旅行世界
作者◎劉憶萱（江湖一品萱）
帶著愛跑步的熱情，勇敢挑戰世界走破的夢想。一路邊跑邊玩，見識各國馬拉松的創意、特色，紀錄馬場上動人的故事及畫面，是愛馬迷最想收藏的世界馬拉松精華寶典，開啟你的眼界！

地鐵

自助旅行者最好的城市伴侶！

將旅行化簡為繁，跟著地鐵動線，一站站玩透透！

在每一次移動間，
感受截然不同的城市風情，
從時尚街區到摩登新建築，
遇見潮男潮女的活力，
或鑽進城市最樸實的小巷弄，
與城市古老靈魂貼心交流。
一條地鐵線，
即是**一場大串連，**
而每站出口，
都是一場嶄新冒險。
你，準備**走出地鐵站、**
展開冒險了嗎？

搭地鐵玩遍上海　作者/葉志輝　定價/370元

搭地鐵玩遍東京　作者/孫偉家　定價/480元

搭地鐵玩遍曼谷　作者/王之義　定價/350元

搭地鐵玩遍北京　作者/黃靜宜　定價/370元

搭地鐵玩遍新加坡　作者/但敏　定價/350元

搭地鐵玩遍倫敦　作者/李思瑩·英倫懶骨頭　定價/380元

搭地鐵玩遍巴黎　作者/姚筱涵　定價/420元

搭地鐵玩遍首爾　作者/索尼客　定價/480元

搭地鐵玩遍釜山　作者/Helena　定價/430元

深度旅行

084 **首爾私房輕旅行**
作者／Cyrus

083 **Check in首爾**
作者／權多賢

081 **超完美！鼓浪嶼旅行大計畫**
作者／谷聲圖書

080 **Check in東京**
作者／林氏璧 熱賣

078 **我的青島私旅行**
作者／吳靜雯

077 **Traveller's東京聖經**
作者／許志忠 熱賣

076 **泰北清邁・曼谷享受全攻略**
作者／吳靜雯

075 **聖地之旅：以色列・約旦・黎巴嫩・敘利亞**
作者／邱世崇

074 **飛到香港吃吃吃**
作者／古弘基 熱賣

073 **島力全開！泰High全攻略**
作者／小王子(邱明憲) 熱賣

072 **曼谷後花園：華欣泰享受**
作者／余能炘

067 **真愛義大利**
作者／吳靜雯 熱賣

066 **野性肯亞的華麗冒險**
作者／黃嘉文・吳盈光

064 **上海最潮逛街地圖**
作者／藍工作間(國際攝影大師張耀領軍)

057 **Traveller's曼谷泰享受**
作者／吳靜雯 熱賣

054 **日本旅行再發現**
作者／蔡惠美

052 **東京年輕人帶路，一週間鮮體驗**
作者／孫偉家

051 **到尼泊爾反璞歸真**
作者／曾品蓁

048 **上海，真奇怪ㄋㄟ**
作者／上海湯

047 **肉腳女生搞笑流浪記**
作者／曾品蓁・江莉姍

學外國人過生活系列

058 **學新加坡人過生活**
作者／但敏

056 **學法國人過生活**
作者／陳麗伶

044 **學荷蘭人過生活**
作者／陳奕伸

043 **學英國人過生活**
作者／胡蕙寧

040 **學德國人過生活**
作者／胡蕙寧

037 **學美國人過生活**
作者／張懿文

035 **學義大利人過生活**
作者／吳靜雯・蔡逸辰

032 **學北歐人過生活**
作者／李清玉

打工度假系列

世界主題 081 熱賣
澳洲打工度假一起Cooking!!
作者／Soda・Terry

世界主題 065 熱賣
澳洲打工度假聖經
作者／陳銘凱

旅行教室 04 熱賣
紐澳打工度假停看聽
作者／楊環靜

So Easy 088
開始到美國打工度假
作者／高函郁

So Easy 084
開始到加拿大打工度假 熱賣
作者／陳玉琳

So Easy 038
開始到紐西蘭打工度假 熱賣
作者／蔡弦峰

So Easy!

So-Easy 開始自助系列！每年破10萬冊，銷售冠軍書系

So Easy 自助旅行書系

亞洲地區

089 **開始在泰國自助旅行**
作者／吳靜雯

087 **開始在釜山自助旅行**
作者／亞莎崎

081 **開始在澳門自助旅行**
作者／楊登傑（藥師吉米）

079 **開始在越南自助旅行**
作者／吳靜雯

076 **開始在中國大陸自助旅行**
作者／徐德誠

075 **開始在北京自助旅行**
作者／沈正柔

067 **開始在上海自助旅行**
作者／魏國安

066 **開始在泰國自助旅行**
作者／魏鑫陽

060 **開始在香港自助旅行**
作者／古弘基

035 **開始在新加坡自助旅行**
作者／王之義

023 **開始在韓國自助旅行**
作者／陳芷萍・鄭明在

010 **開始在日本自助旅行**
作者／魏國安

歐美地區

086 **開始在北歐自助旅行**
作者／武蕾・攝影／盧奕男

085 **開始在挪威自助旅行**
作者／林庭如

083 **開始在希臘自助旅行**
作者／林少凡

082 **開始在歐洲自助旅行**
作者／蘇瑞銘・鄭明佳

072 **開始在瑞士自助旅行**
作者／蘇瑞銘

049 **開始在夏威夷自助旅行**
作者／莊馨云・曹馥蘭

034 **開始在荷蘭自助旅行**
作者／陳奕伸

029 **開始在西班牙自助旅行**
作者／李容菜

027 **開始在義大利自助旅行**
作者／吳靜雯

026 **開始在美國自助旅行**
作者／陳婉娜

025 **開始在德國自助旅行**
作者／林呈謙

024 **開始在英國自助旅行**
作者／李芸德

019 **開始在法國自助旅行**
作者／陳翠霏

紐澳地區

073 **開始在澳洲自助旅行**
作者／張念萱

So Easy 專家速成書系

亞洲地區

080 **遊韓國行程規劃指南**
作者／Helena

089 **開始在泰國自助旅行**
作者／吳靜雯

歐美地區

078 **指指點點玩美國**
作者／謝伯讓・高薏涵

077 **指指點點玩義大利**
作者／吳靜雯

074 **英國茶館小旅行**
作者／英倫老舖

071 **窮，才要去紐約學藝術**
作者／洪緹婕

069 **記住巴黎的甜滋味**
作者／林佳瑩

065 **荷蘭最美**
作者／楊若蘭

064 **開始看懂羅浮宮+凡爾賽宮**
作者／王瑤琴

063 **開始讓高第帶你遊西班牙**
作者／王瑤琴

054 **開始到洛杉磯玩遊樂園**
作者／陳婉娜

053 **開始到梵蒂岡朝聖So Easy**
作者／潘錫鳳

052 **開始到義大利買名牌**
作者／吳靜雯

047 **開始到義大利看藝術**
作者／吳靜雯

046 **開始到維也納看莫札特**
作者／王瑤琴

040 **開始上網省錢遊歐洲**
作者／林呈謙

039 **開始到紐約看百老匯**
作者／張懿文

031 **開始遊法國喝葡萄酒**
作者／陳麗伶

正宗 So Easy
品牌辨識技巧

小皇冠

「開始」
這個字樣

封面正面
So Easy 的
橫 Bar

太雅讀書花園

個人旅行書系

景點導覽系

　　太雅，個人旅行，台灣第一套成功的旅遊叢書，媲美歐美日，有使用期限，全面換新封面的Guide-Book。依照分區導覽，深入介紹各城市旅遊版圖、風土民情，盡情享受脫隊的深度旅遊。

　　「你可以不需要閱讀遊記來興起旅遊的心情，但不能沒有旅遊指南就出門旅行……」台灣的旅行者的閱讀需求，早已經從充滿感染力的遊記，轉化為充滿行動力的指南。太雅的旅遊書不但幫助讀者享受自己規畫行程的樂趣，同時也能創造出獨一無二的旅遊回憶。

105
京都・大阪・
神戶・奈良
作者／三小a

104
首爾・濟州
作者／車建恩

103
美國東岸
重要城市
作者／柯筱蓉

102
小三通：金門・
廈門
作者／陳玉治

101
雪梨・墨爾本
作者／王瑤琴
修訂／張勝惠、
陳小另

100
吉隆坡
作者／瑪杜莎

099
莫斯科・金環・
聖彼得堡
作者／王姿懿

098
舊金山
作者／陳婉娜

096
西班牙：
巴塞隆納・馬德
里・賽維亞
作者／邱宗翎

095
羅馬・佛羅倫斯
・威尼斯・米蘭
作者／潘錫鳳、
陳喬文、黃雅詩

094
成都・重慶
作者／陳玉治

093
西雅圖
作者／施佳瑩、
廖彥博

092
波士頓
作者／謝伯讓、
高薏涵

091
巴黎
作者／姚筱涵

090
瑞士
作者／蘇瑞銘

088
紐約
作者／許志忠

075
英國
作者／吳靜雯

074
芝加哥
作者／林云也

065
九寨溝
作者／陳守忠

047
西安
作者／陳玉治

042
大連‧哈爾濱
作者／陳玉治

038
蘇州‧杭州
作者／陳玉治

005
洛杉磯
作者／王之義

太雅帶你
放眼設計
DESIGN

身為太雅出版選題者，完全無法漠視今天中國城市蓬勃發展的藝術活動、激昂發聲的創作力、犀利精準的藝評、國際設計品牌與知名藝廊全數進場……在中文的世界裡，如果要獲知新潮深刻的設計創作情報，閱讀到精彩又觀點獨到的評論，必須習慣訂閱中國的雜誌，來自中國的「放眼設計」企劃與作者群是太雅最推崇的，讓這群設計前線的的觀察家帶領你穿梭在世界最美麗的角落！

聯名推薦

李根在 國立台灣科技大學工商業設計系專任助理教授

吳東龍 東喜設計工作室負責人

官政能 實踐大學副校長·工業產品設計學系教授

徐莉玲 學學文創志業董長

唐聖瀚 Pace Design 北士設計負責人

陳瑞憲 三石建築主持人

馮宇 IF OFFICE負責人

盧淑芬 ELLE雜誌總編輯

蕭青陽 設計人

聶永真 設計師

在中國原名是「漫步設計」,是根據《Design 360°》觀念與設計雜誌改編而來。每本書的城市(或國家),都是世界公認的設計之都或美學大國,內容涵蓋建築、動畫、工業設計、室內設計、平面設計、數位設計、時裝設計和其他行業,本系列可以成為設計院校師生、專業人士、生活美學愛好者不可或缺的優良讀物籍,通過這套圖書擴寬設計的意念和空間。

作│者│實│力

《Design 360°》雜誌是一本「亞洲主流設計雜誌」,以介紹國際先進的設計理念、獨特創意,傑出設計師,設計院校及設計資訊的設計類綜合雜誌。目前已擁有數萬名忠實讀者,成功跨越新加坡、澳大利亞、印度、中國等國家和香港、澳門等地區,更於2009年以來連續兩年榮獲「亞洲最具影響力設計大獎」。2011年白金創意獎首度與《Design 360°》雜誌聯手舉辦,邀請該雜誌的總編輯王紹強擔任評委,全程參與。該雜誌對於傳播世界最新設計理念、創意風潮不遺餘力,深受各界肯定。

夢起飛
Dream
503

用馬拉松旅行世界

作　　　者	劉憶萱(江湖一品萱)	

總 編 輯	張芳玲
編輯部主任	張焙宜
主　　編	徐湘琪
美 術 設 計	王金喵、蔣文欣
封 面 設 計	許志忠
地 圖 繪 製	蔣文欣

太雅出版社

TEL (02)2882-0755 　**FAX** (02)2882-1500

E-mail taiya@morningstar.com.tw

郵 政 信 箱 台北市郵政53-1291號信箱
太 雅 網 址 http://www.taiya.morningstar.com.tw
購 書 網 址 http://www.morningstar.com.tw
讀 者 專 線 (04)2359-5819 分機230

發 行 所 太雅出版有限公司
　　　　　台北市11167劍潭路13號2樓
　　　　　行政院新聞局局版台業字第五〇〇四號
印　　刷 上好印刷股份有限公司 **TEL** (04)2315-0280
裝　　訂 東宏製本有限公司 **TEL** (04)2452-2977

本書如有破損或缺頁，退換書請寄至：
台中工業區30路1號 太雅出版倉儲部收

初　　版 西元2014年04月01日
定　　價 280元

國家圖書館出版品預行編目(CIP)資料

用馬拉松旅行世界 / 劉憶萱作. -- 初版. --
臺北市：太雅, 2014.04
　　面；　公分. --(世界主題之旅；503)
ISBN 978-986-336-032-2(平裝)

1.馬拉松賽跑

528.9468　　　　　　　　　103001667

ISBN 978-986-336-032-2
Published by TAIYA Publishing
Co.,Ltd.
Printed in Taiwan

這次購買的書名是：

用馬拉松旅行世界 (夢想起飛 503)

01 姓名：＿＿＿＿＿＿＿＿＿ 性別：□女 □男 生日：民國＿＿＿＿＿＿年

* **02** 電話：＿＿＿＿＿＿＿＿＿＿＿＿＿＿＿＿＿＿＿＿＿＿

* **03** E-Mail：＿＿＿＿＿＿＿＿＿＿＿＿＿＿＿＿＿＿＿＿＿＿

* **04** 地址：□□□□＿＿＿＿＿＿＿＿＿＿＿＿＿＿＿＿＿＿

* **05** 您的職業類別是：□製造業　　　□金融業　　　□傳播業
□服務業　　　□自由業　　　□商業　　　　□家庭主婦
□教師　　　　□軍人　　　　□公務員　　　□學生
□其他＿＿＿＿＿＿＿＿＿＿

06 每個月的收入(新台幣)：□18,000以下　　□18,000～22,000
□22,000～26,000　　□26,000～30,000　　□30,000～40,000
□40,000～60,000　　□60,000以上

07 您從何得知本書：
□＿＿＿＿＿報紙報導　　□＿＿＿＿雜誌　　□＿＿＿＿廣播節目
□＿＿＿＿＿網站　　　　□＿＿＿＿書展　　□逛書店時無意
□電子報　　　　　　　□朋友介紹　　　　□太雅出版社的其他出版品

08 您覺得本書內容如何：
□好　　　　□尚可　　　　□沒幫助　　　　□極差

09 您一年購買多少本書籍：約＿＿＿＿＿＿＿＿＿本

10 讓您決定購買這本書的主要理由是？
□內容清楚、觀念實用　　□封面設計　　　　□內頁精緻
□題材符合你所需要　　　□價格可以接受　　□其他＿＿＿＿＿＿＿＿

11 您會建議本書內容哪個部份，一定要改進才可以更好？為什麼？
＿＿＿＿＿＿＿＿＿＿＿＿＿＿＿＿＿＿＿＿＿＿＿＿＿＿＿＿＿＿

12 您最常購買哪類書籍（請用1.2.3排列）
□觀光旅遊　　□瘦身美容　　□親子教養　　□文學小說　　□藝術設計
□居家手作　　□心理勵志　　□商業理財　　□醫療保健　　□攝影
□流行時尚、影視娛樂　　□宗教　　　　□其他＿＿＿＿＿＿＿＿

13 您曾經買過太雅哪些書籍？＿＿＿＿＿＿＿＿＿＿＿＿＿＿＿＿

14 閱讀心得分享（歡迎分享心得，一經採用將刊登於網路或平面等宣傳中。也可將心得稿件email至：travel@morningstar.com.tw）

15 你是否有跑馬？　□是　　□否　　跑馬多久了：＿＿＿＿＿＿＿＿＿＿

填表日期：＿＿＿＿年＿＿＿＿月＿＿＿＿日

填回函抽獎， 送你實用好禮

103年6月31日前剪下封面後折口抽獎截角，貼於回函寄回。(103年7月20日前於太雅部落格公布得獎名單)

Mizuno 跑鞋抽獎
請沿虛線剪下，貼在讀者回函上寄回太雅出版社

截角黏貼處

請勾選
WAVE IMPETUS
女慢跑鞋

WAVE IMPETUS
男慢跑鞋

讀者回函

掌握最新的旅遊與學習情報，請加入太雅出版社「旅行與學習俱樂部」

很高興您選擇了太雅出版社，陪伴您一起享受旅行與學習的樂趣。只要以下資料填妥回覆，您就是「太雅部落格」會員，將能收到最新出版的電子報訊息！

- - - - - - - - - - - - - - -

填問卷，送好書
(限台灣本島)

凡填妥問卷(星號＊者必填)寄回、或傳真回覆問卷的讀者，即可獲得太雅出版社「生活手創」系列《一對》或《旅行》一本。活動時間為2013/11/01～2014/12/31。寄書以郵戳為憑，送完為止。

二選一，請勾選

□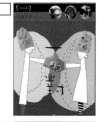

□

- - - - - - - - - - - - - - -

太雅部落格
taiya.morningstar.com.tw

太雅愛看書粉絲團
www.facebook.com/taiyafans

(請沿此虛線壓摺)

廣　告　回　信
台灣北區郵政管理局登記證
北 台 字 第 1 2 8 9 6 號
免　貼　郵　票

太雅出版社　編輯部收

台北郵政53-1291號信箱
電話：(02)2882-0755
傳真：(02)2882-1500
（若用傳真回覆，請先放大影印再傳真，謝謝！）

(請沿此虛線壓摺)

太雅

太雅部落格 http://taiya.morningstar.com.tw

有 行 動 力 的 旅 行 ， 從 太 雅 出 版 社 開 始